学点用得上的经济常识

XUE DIAN
YONG DE SHANG DE
JINGJI
CHANGSHI

宇 东／著

中国华侨出版社

前言

生活中，我们时时刻刻都要面对经济问题，比如你想要存钱，就要了解银行利率上涨还是下降；如果你想利用手中的闲钱进行投资，就必须了解股票、基金等投资方式，或许你还可以考虑投资房产；除了这些，你还必须了解一些国家的主要经济政策，因为这些关系到你的钱是升值了还是贬值了，关系到你所从事行业的发展趋势，关系到你的未来如何定位……

企业是国家经济中一个非常重要的部分，因此，作为企业经营者必须了解国家经济政策对市场的影响，必须掌握关于国家调控和市场运转的经济常识。这些知识对于企业管理者至关重要。

当今世界，全球经济一体化，国家与国家间的经济联系越来越紧密，可以说是"牵一发而动全球"。

中国经济影响着世界，世界经济也影响着中国。了解世界经济发展趋向和态势，才能有效地规避那些"大风暴"，更好地保护自己。这就是防范于未然的能力。

本书从经济学的基础知识着手，介绍了当前经济学领域的热点问题，一一阐述了我们工作和生活中用得上的经济学常识，为读者勾勒了一幅现代经济学的大体轮廓。

第一章 钱包鼓了，生活好了
——关注百姓的民生问题

1. CPI 是居民生活质量晴雨表 …………… 003
2. PPI 数字大好还是小好 …………… 005
3. 衡量一个国家富裕程度的标准 …………… 008
4. 基尼系数代表什么 …………… 011
5. 二八定律 …………… 013
6. 通货膨胀是怎么回事儿 …………… 015
7. 我们向谁征收增值税 …………… 019
8. 为什么对烟酒征重税 …………… 022
9. 我们衣食住行都离不开这些 …………… 025
10. 家电下乡加快了耐用消费品消费 …………… 027
11. 我们可以享受哪些福利 …………… 030
12. 保障低收入者的住房权 …………… 032

第二章　有市场的地方，就有"战争"
——你买我卖的"游戏规则"

1. 市场——你买我卖的地方……………………037
2. 市场交易就应该有游戏规则………………040
3. 涨涨跌跌——价格波动……………………042
4. 洛阳纸贵，货缺而贵…………………………045
5. 明码标价与讨价还价的秘密………………048
6. 一样的商品，不一样的价格………………051
7. 看起来很美的市场泡沫……………………054
8. 道德风险是不可避免的……………………057
9. 市场真的有理想的国度吗…………………059
10. 有市场的地方就有竞争……………………063
11. 称霸市场的巨无霸们…………………………065
12. 卡特尔——垄断市场的少数者……………068

第三章　一流的企业，也要有一流的管理
——企业效益靠什么步步高升

1. 一件商品的成本是多少……………………075
2. 选择最优解决方案……………………………078
3. 减少那些不可回收的支出…………………083
4. 得到的越多就越难满足吗…………………087

5. 生产越多就越挣钱吗……………………………… 090
6. 管理好企业的最佳途径…………………………… 092
7. 管好人是管理的"龙头"………………………… 096
8. 企业亏盈到底要看什么…………………………… 100
9. 企业兼并是如何进行的…………………………… 103
10. 企业之间的"跑马圈地"………………………… 106
11. 少数必须服从多数吗……………………………… 110
12. 产品的市场寿命有多久…………………………… 113
13. 好酒也怕巷子深 ………………………………… 116
14. 破窗效应——勿以恶小而为之 ………………… 120
15. 适当地引进"鲶鱼"型人才 …………………… 123
16. 什么是差别定价…………………………………… 126

第四章 市场不能成为脱缰的野马
——市场经济也离不开国家调控

1. GDP——国富民强的标尺 …………………… 133
2. GNP 反映出一个国家的经济水平 ……………… 135
3. M0、M1、M2 代表着什么 ……………………… 138
4. 降息还是升息，取决于宏观经济………………… 140
5. 货币政策这只"大手"…………………………… 144
6. 新产品也喜欢"搭便车"………………………… 148
7. 税收都拿来做什么………………………………… 151

8. 市场经济下的政府干预……………………… 154
9. 坚持效率优先原则是必然的………………… 158

第五章　你不理财，财就不会理你
　　——让自己的资金越滚越大

1. 储蓄还是投资………………………………… 165
2. 存在银行的钱为什么缩水了………………… 168
3. 要投资，但不能盲目………………………… 170
4. 企业景气指数反映经济活跃程度…………… 173
5. 你知道哪些金融商品………………………… 175
6. 股票投资，高收益的背后蕴含着高风险…… 178
7. 基金是投资者的春天吗……………………… 182
8. 买房给自己住，还是等升值………………… 187
9. 黄金是投资界的"黑马"…………………… 191
10. 为自己的人生买个"保险"………………… 196

第六章　经济应该走向世界，迈向国际化
　　——日益繁荣的国际贸易

1. 热钱涌入，人们谈之色变…………………… 203
2. 汇率为什么会上下波动……………………… 205
3. 产品要走出去，也要引进来………………… 208

4. 大量低价商品的涌入——商品倾销…………… 212
5. 进出口贸易也有津贴…………………………… 215
6. 打破国家经济之间的壁垒……………………… 219
7. 中国制造走向了世界…………………………… 223
8. 顺差是好事，逆差是坏事？…………………… 225
9. 越来越多公司走向世界………………………… 229
10. 华尔街——美国的金融中心 ………………… 233
11. 世界银行——世界上最大的银行？ ………… 235
12. 货币与货币之间的交易 ……………………… 238

第七章　大崩溃？还是新的起点？
——世界经济开始大崩溃了吗

1. 金融世界的"大地震"——次贷危机………… 243
2. 世界经济遭遇了大风暴………………………… 249
3. 企业会破产，国家也会破产吗………………… 254
4. 谁是经济泡沫幕后推手………………………… 258
5. 市场失灵………………………………………… 262
6. 厉行节俭反而衰败了…………………………… 267
7. 别人都买，我也跟着买………………………… 271
8. 长尾理论——对二八理论的彻底叛逆………… 275

05

第一章

钱包鼓了，生活好了
——关注百姓的民生问题

民生问题是一个国家最应关注的问题，因为它不仅关系到个人的生活，也关系到社会的发展。我们应该了解一些关于民生的经济常识，只有这样，才能让自己的生活越来越好。

1. CPI 是居民生活质量晴雨表

> CPI 是一个滞后性的数据，但它往往是市场经济活动与政府货币政策的一个重要参考指标。

大家都知道通货膨胀，直接关系到我们日常生活。观察通货膨胀水平最重要的指标是居民消费价格指数，也称 CPI，它计算的是居民日常消费的生活用品和劳务的平均价格水平，是一个与基期 100 相比较的数值。计算期的价格指数超过 100，表明该期价格水平与基期相比上升了，小于 100 则表明下降了。在 2007 年 5 月以前，我国的这一价格指数一直稳定在 100~103 之间，但是自从 2007 年 5 月以后，这一指数开始飙升，到了 2008 年 2 月份高达 108.7，同比增长达到了 8.7%。这表明我国经济通货膨胀压力增大，居民生活成本直线上升。不过，2008 年下半年之后，通货膨胀情况有所好转，CPI 指数也随之下降。2015 年，中国 CPI 指数同比上涨了 1.4%，创 2010~2015 六年来最小涨幅，说明我国目前经济虽然存在着通货膨胀问题，但是通货膨胀程度有所减弱。

如果消费者物价指数升幅过大，表明通胀已经成为经济不稳定因素，央行会有紧缩货币政策和财政政策的风险，从而造成经济前景不明朗。因此，该指数过高的升幅往往不被市场欢迎。例如，在最新公布的 2016 年经济运行数据中，1 月份的消费者指数为 101.8，同比增长 1.8%；2 月份的指数为 102.3，同比增长 2.3%。也就是说，人们的生活成本提高了，你的金钱价值也随之下降。

CPI是一个滞后性的数据，但它往往是市场经济活动与政府货币政策的一个重要参考指标。CPI稳定、就业充分及GDP增长往往是最重要的社会经济目标。不过，从中国的现实情况来看，CPI的稳定及其重要性并不像发达国家所认为的那样"有一定的权威性，市场的经济活动会根据CPI的变化来调整"。近几年来欧美国家GDP增长一直在2%左右波动，CPI涨幅也同样在0%～3%的范围内变化，而中国的情况则完全不同。首先是国内经济快速增长，2015年GDP增长都在6.9%以上，CPI却没有多少波动，表面看来这可以说得上是"政府对经济运行调控自如，市场行为反应十分理性"。其次是一年之内CPI大起大落，前后相差几个百分点；一般情况下，除非经济生活中有重大的突发事件（如1997年的亚洲金融危机），CPI是不可能大起大落的。再者是随着CPI大幅波动，国内经济一时间通货膨胀率过高，民众储蓄负利率严重，一时间居民储蓄又告别负收益，通货紧缩阴影重现。这样一种经济环境令人担忧，因此，如何理解CPI指数便成为一个十分重要的问题。

CPI的计算公式是CPI=（一组固定商品按当期价格计算的价值）除以（一组固定商品按基期价格计算的价值）乘以100%。CPI告诉人们的是，对普通家庭的支出来说，购买具有代表性的一组商品，在今天要比过去某一时间多花费多少，例如，若某年某国普通家庭每个月购买一组商品的费用为800元，而5年后购买这一组商品的费用为1000元，那么该国的消费价格指数为（以5年前为基期）CPI=1000/800×100%=125%，也就是说上涨了25%。

CPI物价指数指标十分重要，而且具有启示性，必须慎重把握，因为有时公布了该指标上升，货币汇率向好，有时则相反。因为消费物价指数水平表明消费者的购买能力，也反映经济的景气状况，如果该指数下跌，反映经济衰退，必然对货币汇率走势不利。但如果消费物价指数上升，汇率是否一定有利好呢？不一定，须看消费物价指数"升幅"如何。倘若该指数升幅温和，则表示经济稳定上升，当然对该国货币有利，但如果该指数升幅过大就有不良影响，因为物价指数与购买能力成反比，物价越贵，货币的购买能力越低，必然对该国货币不利。如果考虑对利率的影响，则该指标对外汇汇率的影响作用更加复杂。当一国的消费物价指数上升时，表明该国的通货膨胀率上升，即货币的购买力减弱，按照购买力平价理论，该国的货币应走弱；相反，当一国的消费物价指数下降时，表明该国的通货膨胀率下降，即货币的购买力上升，按照购买力平价理论，该国的货币应走强。但是由于各个国家均以控制通货膨胀为首要任务，通货膨胀上升同时亦带来利率上升的机会，因此，反而利好该货币。

2.
PPI 数字大好还是小好

PPI 是衡量通货膨胀的潜在性指标，是反映某一时期生产领域价格变动情况的重要经济指标，也是制定有关经济政策和国民经济核算的重要依据。

生产者物价指数（Producer Price Index，简称 PPI）也称生产价格指数，是从生产者方面考虑的物价指数，测量在初级市场上出售的货物（即在非零售市场上首次购买某种商品时，如钢铁、木材、电力、石油之类）

价格变动的一种价格指数，反映与生产者所购买、出售的商品价格的变动情况。理论上来说，生产过程中所面临的物价波动将反映至最终产品的价格上，因此观察 PPI 的变动情形将有助于预测未来物价的变化状况，因此，这项指标受到市场重视。

PPI 是衡量工业企业产品出厂价格变动趋势和变动程度的指数，是反映某一时期生产领域价格变动情况的重要经济指标，也是制定有关经济政策和国民经济核算的重要依据。生产者价格指数的上涨反映了生产者价格的提高，相应地，生产者的生产成本增加，生产成本的增加必然转嫁到消费者身上，导致 CPI 的上涨。生产价格指数（PPI）是衡量通货膨胀的潜在性指标。

生产者物价指数与 CPI 不同，主要的目的是衡量企业购买的所有物品和劳务的总费用。由于企业最终要把它们的费用以更高的消费价格的形式转移到消费者身上，所以，通常认为生产者物价指数的变动对预测消费价格指数的变动是有用的。

中国企业的利润率已经稳定在了上升之后的水平上，而生产价格指数（PPI）增速高于消费价格指数（CPI）增速的局面并没有导致利润收缩。从经验性研究来看，企业利润率和 PPI-CPI 增速差额之间存在明显的正相关关系，这与许多人认为的情况恰恰相反，而且下游产业同样存在这种正相关关系。如果说企业利润率和 PPI-CPI 增速差额之间确实存在着经验性因果关系，那么从数据来看，事实是 PPI 增速的加快往往意味着利润增速的上升。

生产者价格指数的主要的目的是衡量各种商品在不同的生产阶段的价格变化情形。一般而言，商品的生产分为三个阶段：一、原始阶段：商品尚未做任何的加工；二、中间阶段：商品尚需做进一步的加工；三、完成阶段：商品至此不再需要任何加工手续。根据价格传导规律，PPI对CPI有一定的影响。PPI反映生产环节价格水平，CPI反映消费环节的价格水平。整体价格水平的波动一般首先出现在生产领域，然后通过产业链向下游产业扩散，最后波及消费品。产业链可以分为两条：一是以工业品为原材料的生产，存在原材料→生产资料→生活资料的传导；另一条是以农产品为原料的生产，存在农业生产资料→农产品→食品的传导。在中国，就以上两个传导路径来看，目前第二条，即农产品向食品的传导较为充分，2006年以来粮价上涨是拉动CPI上涨的主要因素。但第一条，即工业品向CPI的传导基本是失效的。

由于CPI不仅包括消费品价格，还包括服务价格，CPI与PPI在统计口径上并非严格的对应关系，因此CPI与PPI的变化出现不一致的情况是可能的。CPI与PPI持续处于背离状态，这不符合价格传导规律。价格传导出现断裂的主要原因在于工业品市场处于买方市场以及政府对公共产品价格的人为控制。

在不同市场条件下，工业品价格向最终消费价格传导有两种可能情形：一是在卖方市场条件下，成本上涨引起的工业品价格（如电力、水、煤炭等能源、原材料价格）上涨最终会顺利传导到消费品价格上；二是在买方市场条件下，由于供大于求，工业品价格很难传递到消费品价格上，企业需要通过压缩利润对上涨的成本予以消化，其结果表现为中下游产品价格稳定，甚至可能继续走低，企业盈利减少。对于部分难以消化成本上涨的企业，可能会面临破产。可以顺利完成传导的工业品价格（主要是电力、煤炭、水等能源原材料价格）目前主要属于政府调价范围。在上游产品价格（PPI）持续走高的情况下，企业无法顺利把上游成本转嫁出去，不能使最终消费品价格（CPI）提高，最终会导致企业利润的减少。

3. 衡量一个国家富裕程度的标准

一般来说，在其他条件相同的情况下，恩格尔系数较高，作为家庭来说则表明收入较低，作为国家来说则表明该国较穷。反之亦然。

恩格尔系数（Engel's Coefficient）是食品支出总额占个人消费支出总额的比重。19世纪德国统计学家恩格尔根据统计资料，对消费结构的变化得出一个规律：一个家庭收入越少，家庭收入中（或总支出中）用来购买食物的支出所占的比例就越大，随着家庭收入的增加，家庭收入中（或总支出中）用来购买食物的支出比例则会下降。推而广之，一个国家越穷，每个国民的平均收入中（或平均支出中）用于购买食物的支出所占比例就越大，随着国家的富裕，这个比例呈下降趋势。恩格尔系数是用来衡量家庭富足程度的重要指标。

恩格尔定律主要表述的是食品支出占总消费支出的比例随收入变化而变化的一定趋势。揭示了居民收入和食品支出之间的相关关系，用食品支出占消费总支出的比例来说明经济发展、收入增加对生活消费的影响程度。众所周知，吃是人类生存的第一需要，在收入水平较低时，其在消费支出中必然占有重要地位。随着收入的增加，在食物需求基本满足的情况下，消费的重心才会开始向穿、用等其他方面转移。因此，一个国家或家庭生活越贫困,恩格尔系数就越大;反之,生活越富裕,恩格尔系数就越小。

简单地说,一个家庭或国家的恩格尔系数越小,就说明这个家庭或国家经济越富裕。当然数据越精确,家庭或国家的经济情况反映也就越精确。

恩格尔定律的公式:

(食物支出变动百分比÷总支出变动百分比)×100%=食物支出对总支出的比率(R1)或

(食物支出变动百分比÷收入变动百分比)×100%=食物支出对收入的比率(R2)

注意:R2又称为食物支出的收入弹性。

恩格尔定律是根据经验数据提出的,它是在假定其他一切变量都是常数的前提下才适用的,因此在考察食物支出在收入中所占比例的变动问题时,还应当考虑城市化程度、食品加工、饮食业和食物本身结构变化等因素都会影响家庭的食物支出增加。只有达到相当高的平均食物消费水平时,收入的进一步增加才不对食物支出产生重要的影响。

恩格尔系数是国际上通用的衡量居民生活水平高低的一项重要指标,一般随居民家庭收入和生活水平的提高而下降。改革开放以来,我国城镇和农村居民家庭恩格尔系数已由1978年的57.5%和67.7%分别下降到2014年的35.6%和37.9%。

在社会保障中,恩格尔系数还被用来确定一个地区的社会最低生活保障额度,用家庭食品消费的绝对支出/恩格尔系数得出所需消费支出,可得出最低生活保障金额。

在使用恩格尔系数时应注意,一是恩格尔系数是一种长期趋势,时间越长趋势越明显，某一年份恩格尔系数波动是正常的；二是在进行国际比较时应注意可比口径，在中国城市，由于住房、医疗、交通等方面存在大量补贴，因此进行国际比较时应调整到相同口径；三是地区间消费习惯不同，恩格尔系数略有不同。

在适用恩格尔系数进行国际比较时，由于各国的价格体系、福利补贴等方面差异较大，所以，要注意个人消费支出的实际构成情况，注意到运用恩格尔系数反映消费水平和生活质量会产生误差。

国际上常常用恩格尔系数来衡量一个国家和地区人民生活水平的状况。根据联合国粮农组织提出的标准，恩格尔系数在59%以上为贫困，50-59%为温饱，40-50%为小康，30-40%为富裕，低于30%为最富裕。在我国运用这一标准进行国际和城乡对比时，要考虑到那些不可比因素，如消费品价格比价不同、居民生活习惯的差异以及由社会经济制度不同所产生的特殊因素。对于这些横截面比较中的不可比问题，在分析和比较时应做相应的剔除。另外，在观察历史情况的变化时要注意，恩格尔系数反映的是一种长期的趋势，而不是逐年下降的绝对的倾向。它是在熨平短期的波动中求得长期的趋势。

1978年中国农村家庭的恩格尔系数约68%，城镇家庭约59%，平均计算超过60%，中国是贫困国家，温饱还没有解决。当时中国没有解决温饱的人口两亿四千八百万人。改革开放以后，随着国民经济的发展和人们整体收入水平的提高，中国农村家庭、城镇家庭的恩格尔系数都不断下降。2013年~2015年，我国居民恩格尔系数连续三年下降，到2015年已经下降到30.6%。可以预测，中国农村、城镇居民的恩格尔系数还将不断下降。

4. 基尼系数代表什么

目前居民的生活水平越来越高，不过贫富的差距也越来越大。而衡量这一情况的标准便是基尼系数。

基尼系数（Gini Coefficient）是意大利经济学家基尼（Corrado Gini，1884-1965）于1912年提出的，基尼根据洛伦茨曲线提出的判断分配平等程度的指标。设实际收入分配曲线和收入分配绝对平等曲线之间的面积为A，实际收入分配曲线右下方的面积为B。并以A除以（A+B）的商表示不平等程度。这个数值被称为基尼系数或称洛伦茨系数。如果A为零，基尼系数为零，表示收入分配完全平等；如果B为零，则系数为1，收入分配绝对不平等。收入分配越是趋向平等，洛伦茨曲线的弧度越小，基尼系数也越小，反之，收入分配越是趋向不平等，洛伦茨曲线的弧度越大，那么基尼系数也越大。

基尼系数的经济含义是：在全部居民收入中，用于进行不平均分配的那部分收入占总收入的百分比。基尼系数最大为"1"，最小为"0"。前者表示居民之间的收入分配绝对不平均，即100%的收入被一个单位的人全部占有了；而后者则表示居民之间的收入分配绝对平均，即人与人之间收入完全平等，没有任何差异。但这两种情况只是在理论上的绝对化形式，在实际生活中一般不会出现。因此，基尼系数的实际数值只能介于 0～1 之间。

目前，国际上用来分析和反映居民收入分配差距的方法和指标很多。基尼系数由于给出了反映居民之间贫富差异程度的数量界线，可以较客观、直观地反映和监测居民之间的贫富差距，预报、预警和防止居民之间出现贫富两极分化，因此得到世界各国的广泛认同和普遍采用。

改革开放以来，我国在经济增长的同时，贫富差距逐步拉大，综合各类居民收入来看，基尼系数越过警戒线已是不争的事实。我国基尼系数已跨过 0.4，2015 年达到了 0.462。突出表现在收入份额差距和城乡居民收入差距进一步拉大、东中西部地区居民收入差距过大、高低收入群体差距悬殊等方面。将基尼系数 0.4 作为监控贫富差距的警戒线，应该说，是对许多国家实践经验的一种抽象与概括，具有一定的普遍意义。但是，各国、各地区的具体情况千差万别，居民的承受能力及社会价值观念都不尽相同，所以这种数量界限只能用作宏观调控的参照系，而不能成为发展经济的禁锢和教条。目前，我国共计算三种基尼系数，即：农村居民基尼系数、城镇居民基尼系数和全国居民基尼系数。基尼系数 0.4 的国际警戒标准在我国基本适用。从我国的客观实际出发，在单独衡量农村居民内部或城镇居民内部的收入分配差距时，可以将各自的基尼系数警戒线定为 0.4；而在衡量全国居民之间的收入分配差距时，可以将警戒线上限定为 0.5，实际工作中按 0.45 操作。

经过 30 多年的改革开放，中国经济社会生活发生了巨大而深刻的变化。在人们整体收入水平显著提高的同时，也出现了收入差距拉大的现象。只有切实解决收入差距问题，构建社会主义和谐社会，才能使我国顺利地度过这一关键的发展阶段，进入良性运行和健康发展的轨道。

5. 二八定律

经济学家说，20%的人手里掌握着80%的财富。有这样两种人，第一种占了80%，拥有20%的财富；第二种只占20%，却掌握80%的财富。这可以用著名的二八定律来说明。

二八定律也叫巴莱多定律，是19世纪末20世纪初意大利经济学家巴莱多发明的。他认为，在任何一组东西中，最重要的只占其中一小部分，约20%，其余80%的尽管是多数，却是次要的，因此又称二八法则。这是管理学范畴著名的80/20定律，也就是说通常一个企业80%的利润来自它20%的项目；这个80/20定律被一再推而广之。经济学家说，20%的人手里掌握着80%的财富。有这样两种人，第一种占了80%，拥有20%的财富；第二种只占20%，却掌握80%的财富。为什么呢？原来，第一种人每天只会盯着老板的口袋，总希望老板能给他们多一点钱，而将自己的一生租给了第二种20%的人；第二种人则不同，他们除了做好手边的工作外，还会用另一只眼睛关注正在多变的世界，他们明白什么时间该做什么事，于是第一种80%的人都在替他们打工。

二八定律运用于企业上，一是"二八管理定律"。企业主要抓好20%的骨干力量的管理，再以20%的少数带动80%的多数员工，以提高企业效率。二是"二八决策定律"。抓住企业普遍问题中的最关键性的问题进行决策，以达到纲举目张的效应。三是"二八融资定律"。管理者要将有限的资金投入到经营的重点项目，以此不断优化资金投向，提高资金使用效率。四是"二八营销定律"。经营者要抓住20%的重点商品与重点用户，渗透营销，牵一发而动全身。总之，"二八定律"要求管理者在工作中不能"胡子眉毛一把抓"，而是要抓关键人员、关键环节、关键用户、关键项目、关键岗位。

长尾理论是对经典商业活动中的80/20定律的颠覆。80/20定律指的是80%的结果，往往是来自于20%的出处。比如对一个公司来讲，80%的利润常常来自于20%最畅销的产品；80%的利润来自于最忠诚的20%客户；80%的销量或利润来自于20%最成功的网络营销渠道或投资；80%的销售额来自于20%最优秀的营销人员等。

现实生活中许多80/20现象。80%的收获往往来自于20%的时间或投入，而其他80%的投入只产生了20%的收益。所以经典的商业理论都是提醒大家找到那最有效的20%的热销产品、渠道或者销售人员，在最有效的20%上投入更多努力，尽量减少浪费在80%低效的地方。

80/20定律与长尾理论相对照，营销人员的行动方向就可能产生分歧。按照长尾理论，那些需求不高、销售不高的80%产品或用户所贡献的总销售额和利润，并不一定输给那20%的处在头部的产品和用户，所以不能忽视处于长尾中的市场。而80/20定律则建议不要浪费时间在这部分长尾上。

原因就是长尾理论的前提是商品销售的渠道足够宽，并且商品生产运送成本足够低。例如，亚马逊网上商城作为美国最大的网络电子商务公司，由于网站规模足够大，拥有图书、数码、食品、服饰等几十万甚至上百万的不同产品，这种情况下就能显示出长尾效果。但是对很多中小企业网站来说，产品就只有几十种，或者再多至几百几千种，这都不足以产生长尾现象，起支配作用的依然是 80/20 定律。

6.
通货膨胀是怎么回事儿

经济增长是每个国家最关心的问题；而通货膨胀则伴随着许多发展中国家。

通货膨胀在现代经济学中意指整体物价水平上升。一般性通货膨胀为货币之市值或购买力下降，而货币贬值为两经济体间之币值相对性降低。前者用于形容全国性的币值，而后者用于形容国际市场上的附加价值。两者之相关性为经济学上的争议之一。

纸币流通规律表明，纸币发行量不能超过它象征地代表的金银货币量，一旦超过了这个量，纸币就要贬值，物价就要上涨，从而出现通货膨胀。通货膨胀只有在纸币流通的条件下才会出现，在金银货币流通的条件下不会出现此种现象。因为金银货币本身具有价值，作为贮藏手段的职能，可以自发地调节流通中的货币量，使它同商品流通所需要的货币量相适应。而在纸币流通的条件下，因为纸币本身不具有价值，它只是代表金银货币的符号，不能作为贮藏手段，因此，纸币的发行量如果超过了商品流通所需要的数量，就会贬值。例如：商品流通中所需要的金银货币量不变，而纸币发行量超过了金银货币量的一倍，单位纸币就只能代表单位金银货币价值量的 1/2，在这种情况下，如果用纸币来计量物价，物价就上涨了一倍，这就是通常所说的货币贬值。此时，流通中的纸币量比流通中所需要的金银货币量增加了一倍，这就是通货膨胀。

在宏观经济学中，通货膨胀主要是指价格和工资的普遍上涨。通货膨胀之反义为通货紧缩。无通货膨胀或极低度通货膨胀称之为稳定性物价。（在若干场合中，通货膨胀一词意为提高货币供给。因此，若干观察家将美国 1920 年代的情况称之为"通货膨胀"，即使当时的物价完全没有上涨。以下所述，除非特别指明，否则"通货膨胀"一词意指一般性的物价上涨。）通货膨胀，是指经济运行中出现的全面、持续上涨的物价上涨的现象。纸币发行量超过流通中实际需要的货币量，是导致通货膨胀的主要原因之一。

对一国经济而言，有三个问题最为重要：其一经济增长；其二通货膨胀；其三失业率。经济增长是大国最关心的；而通货膨胀则伴随着许多发展中国家。马克思主义政治经济学认为通货膨胀产生的真正原因是资本对利润率平均化的要求。换句话说：相同单位的资本要求得到相等的投资回报，即资本无差别化。然而现实中资本无差别化不可能存在，这往往受到资本进入行业或产业的难易程度影响，所以资本进入行业或产业的难易程度产生了利润平均化的级差，这种行业或产业之间客观存在的级差利润率可以在完全市场条件下取得某种均衡，这种均衡一旦被打破，就会拉大行业或产业之间的利润率比率，从而产生通货膨胀。资本进入行业或产业的难易程度受利率、分工、行业生产力、投资规模、科学技术的保密程度、人力资源、品牌、信誉、专利、标准、原材料的可获得性等因素的影响。通货膨胀的原因主要有：

1. 需求拉动的通货膨胀。需求拉动的通货膨胀是指总需求过度增长所引起的通货膨胀,即"太多的货币追逐太小的货物",按照凯恩斯的解释,如果总需求上升到大于总供给的地步,过度的需求是能引起物价水平的普遍上升。所以,导致总需求增加的任何因素都可以是造成需求拉动的通货膨胀的具体原因。

2. 成本推进的通货膨胀。成本或供给方面的原因形成的通货膨胀,即成本推进的通货膨胀又称为供给型通货膨胀,是由厂商生产成本增加而引起的一般价格总水平的上涨,造成成本向上移动的原因大致有:工资过度上涨;利润过度增加;进口商品价格上涨。

(1) 工资推进的通货膨胀。工资推动通货膨胀是工资过度上涨所造成的成本增加而推动价格总水平上涨,工资是生产成本的主要部分。工资上涨使得生产成本增长,在既定的价格水平下,厂商愿意并且能够供给的数量减少,从而使得总供给曲线向左上方移动。

在完全竞争的劳动市场上,工资率完全由劳动的供求均衡所决定,但是在现实经济中,劳动市场往往是不完全的,强大的工会组织的存在往往可以使得工资过度增加,如果工资增加超过了劳动生产率的提高,则提高工资就会导致成本增加,从而导致一般价格总水平上涨,而且这种通胀一旦开始,还会引起"工资——物价螺旋式上升",工资物价互相推动,形成严重的通货膨胀。

(2) 利润推进的通货膨胀。利润推进的通货膨胀是指厂商为谋求更大的利润导致的一般价格总水平的上涨,与工资推进的通货膨胀一样,具有市场支配力的垄断和寡头厂商也可以通过提高产品的价格而获得更高的利润,与完全竞争市场相比,不完全竞争市场上的厂商可以减少生产数量而提高价格,以便获得更多的利润,为此,厂商都试图成为垄断者。结果导致价格总水平上涨。

一般认为，利润推进的通货膨胀比工资推进的通货膨胀要弱。原因在于，厂商由于面临着市场需求的制约，提高价格会受到自身要求最大利润的限制，而工会推进货币工资上涨则是越多越好。

（3）进口成本推进的通货膨胀。造成成本推进的通货膨胀的另一个重要原因是进口商品的价格上升，如果一个国家生产所需要的原材料主要依赖于进口，那么，进口商品的价格上升就会造成成本推进的通货膨胀，其形成的过程与工资推进的通货膨胀是一样的。如2003年，因为中东局势紧张，国际石油价格暴涨，对全球经济造成了严重冲击，而以进口石油为原料的西方国家的生产成本也大幅度上升，从而引起通货膨胀。

3. 需求和成本混合推进的通货膨胀。造成通货膨胀的原因并不是单一的，因各种原因同时推进的价格水平上涨，就是供求混合推进的通货膨胀。假设通货膨胀是由需求拉动开始的，即过度的需求增加导致价格总水平上涨，价格总水平的上涨又成为工资上涨的理由，工资上涨又形成成本推进的通货膨胀。

一旦形成通货膨胀，便会持续一段时期，这种现象被称之为通货膨胀惯性，对通货膨胀惯性的一种解释是人们会对通货膨胀做出的相应预期。

预期对人们经济行为有重要的影响，人们对通货膨胀的预期会导致通货膨胀具有惯性，如人们预期的通胀率为10%，在订立有关合同时，厂商会要求价格上涨10%，而工人与厂商签订合同中也会要求增加10%的工资，这样，在其他条件不变的情况下，每单位产品的成本会增加10%，从而通货膨胀率按10%持续下去，必然形成通货膨胀惯性。

从不同的角度来看，通货膨胀对一国国民经济发展的影响有：

1. 对经济发展的影响。通货膨胀的物价上涨，使价格信号失真，容易使生产者误入生产歧途，导致生产的盲目发展，造成国民经济的非正常发展，使产业结构和经济结构发生畸形化，从而导致整个国民经济的比例失调。当通货膨胀所引起的经济结构畸形化需要矫正时，国家必然会采取各种措施来抑制通货膨胀，结果会导致生产和建设的大幅度下降，出现经济的萎缩，因此，通货膨胀不利于经济的稳定、协调发展。

2．对收入分配的影响。通货膨胀的货币贬值，使一些收入较低的居民的生活水平不断下降，使广大的居民生活水平难以提高。当通货膨胀持续发生时，就有可能造成社会的动荡与不安宁。

3．对对外经济关系的影响。通货膨胀会降低本国产品的出口竞争能力，引起黄金外汇储备的外流，从而使汇率贬值。

7. 我们向谁征收增值税

增值税是实行的"价外税"，采用价外税的形式，价格是多少，税金是多少，清楚明了，消费者从中可以掌控国家调节消费的方向，从而相应的修正自己的消费方向。

增值税是现在世界上非常通行的一种以法定增值额为课税对象的税种。一般地说，商品在生产过程中都要消耗掉一部分生产资料，这部分生产资料在生产过程中只是把原有的价值再现于新的产品之中，并不增加新的价值；同时，在同一个生产过程中，通过人们的劳动会使新生产出来的产品价值比其所消耗掉的生产资料的价值有所增加，这一部分新增加的价值表现在新生产出来的产品价格比其所消耗掉的生产资料的购入价格要高出许多。于是人们就把这种价格上的差额视为增值额，并将这个增值额作为计征增值税的法定增值额。

增值税是对销售货物或者提供加工、修理修配劳务以及进口货物的单位和个人就其实现的增值额征收的一个税种。中国自1979年开始试行增值税，现行的增值税制度是以1993年12月13日国务院颁布的国务院令第134号《中华人民共和国增值税暂行条例》为基础的。增值税已经成为中国最主要的税种之一，增值税的收入占中国全部税收的60%以上，是最大的税种。增值税由国家税务局负责征收，税收收入中75%为中央财政收入，25%为地方收入。进口环节的增值税由海关负责征收，税收收入全部为中央财政收入。

在实行增值税制的各个国家里，人们根据对购入固定资产（厂房、机器、设备等）时所缴纳的增值税是否扣除和如何扣除的区别，把增值税分为三种类型：

1. 消费型增值税。它是在计征产品销售增值税款时，允许将购置固定资产时所缴纳的增值税款一次性全部扣除，而不问其在多长时期内消耗掉。

2. 收入型增值税。它是在计征产品销售增值税款时，只允许扣除固定资产折旧部分的已缴增值税金。

3. 生产型增值税。它是在计征产品销售增值税款时，不允许企业扣除购入固定资产时已缴纳的增值税款。

目前在全世界实行增值税的国家中，大多数都选择了消费型增值税，其中欧盟各国全部都实行消费型增值税。我国的增值税暂行条例规定，购进固定资产的进项税额不得从销项税额中抵扣,所以,中国现在实行的还是生产型增值税。

从计税原理上说,增值税是以(含应税劳务)在流转过程中产生的增值额作为计税依据而征收的一种流转税。实行价外税,也就是由消费者负担,有增值才征税,没增值不征税,但在实际当中,商品新增价值或附加值在生产和流通过程中是很难准确计算的。因此,我国也采用国际上普遍采用的税款抵扣的办法,即根据销售商品或劳务的销售额,按规定的税率计算出销项税额,然后扣除取得该商品或劳务时所支付的增值税款,也就是进项税额,其差额就是增值部分应交的税额,这种计算方法体现了按增值因素计税的原则。

例如:A公司向B公司购进甲货物100件,金额为10000元,但A公司实际上要付给对方的货款并不是10000元,而是10000+10000×17%(目前我国销售货物或提供加工、修理修配劳务及进口货物的增值税率为17%)=11700元。

为什么购进的货物价值才10000元,另外还要支付1700元呢?因为这时,A公司作为消费者就要另外负担1700元的增值税,这就是增值税的价外征收。这1700元增值税对A公司来说就是"进项税"。B公司多收了这1700元的增值税款并不归B公司所有,而是要把1700元增值税上交给国家。所以B公司只是代收代缴而已,并不负担这笔税款。

增值税是实行的"价外税",价外税是根据不含税价格作为计税依据的税,税金和价格是分开的,在价格上涨时,是价动还是税动,界限分明,责任清楚,有利于制约纳税人的提价动机,也便于消费者对价格的监督,采用价外税的形式,价格是多少,税金是多少,清楚明了,消费者从中可以掌控国家调节消费的方向,从而相应的修正自己的消费方向。

8. 为什么对烟酒征重税

> 烟和酒不仅会加重人们的消费负担，也损害着人们的身体健康，因此实施一些烟酒征税的措施，可以在一定程度上遏制人们的烟酒消费，进而促进人们的身心健康。

我国烟酒产品适用税主要是消费税和增值税，并以消费税为主。现行消费税的征收依据是1993年颁布的《中华人民共和国消费税暂行条例》及其《实施细则》，以及在此基础上修改和调整并在2009年由财政部、国家税务总局颁布的《关于调整酒类产品消费税政策的通知》和《关于调整烟类产品消费税政策的通知》。根据新规定，卷烟消费税由从价定率的计税方法改为从量定额与从价定率相结合的复合计税方法，同时对税率进行适当调整：即对卷烟首先征收一道从量定额税，单位税额为每大箱（5万支）150元；然后按照调拨价格再从价征税：每条（200支）调拨价格在70元以下的卷烟，税率为36%；70元以上（含70元）的卷烟和进口卷烟，税率为56%；雪茄类的税率为36%；另外，在卷烟批发环节，还加征了一道税率为5%的从价税。

根据2014年颁布的《财政部国家税务总局关于调整消费税政策的通知》，自2014年12月1日起，酒类消费税主要是对征税办法和税率水平进行了调整，即：对白酒实行从价和从量相结合的复合计税方法：

对粮食白酒的税率从25%下调到20%，再按照每斤白酒按0.5元从量征收一道消费税；薯类白酒仍维持在15%的税率；现行的啤酒消费税仍执行2001年下发的《关于调整酒类产品消费税政策的通知》，即每吨啤酒出厂价在3000元以上的，单位税额为250元/吨；每吨啤酒出厂价在3000元以下的，单位税额为220元/吨。税收政策的调整和改革为了适应经济发展的需要，从而控制了国家的税收，更加规范了烟酒征税秩序。但从另一方面讲，现行对烟酒产品征收的消费税普遍加重了烟酒生产企业的税收负担，在进口环节又出现烟酒产品偷逃消费税、增值税十分严重的现象。比如，2014年我国海关多次破获烟酒类走私案件，其中就包括广州海关破获的45亿元的特大烟酒走私案。

正因如此，国家税务总局要求各级税务部门要切实加强消费税征收管理，特别是抓好烟酒等重点行业的消费税征管。

在烟酒产品印花税出台之前，美国每年烟酒产品税收流失也十分严重。据华盛顿州官方网站公布的数据显示，在未实行贴花征税措施前的1997年7月到1999年11月止，该州税收执法人员没收未税香烟900,000包，预计每年烟类税收的流失额达到1.15亿美元。正是在这样的背景下，烟酒产品印花税才得以出台。

1. 对烟酒产品开征印花税，将烟酒产品消费税负转换为印花税负；取消烟酒产品的消费税。

2. 本着不加重企业的税收负担和简便征收的原则，烟酒产品印花税按价格划分不同类别和档次，实行从量计征。

3. 烟酒产品印花税纳税环节应与烟酒产品其他税在同一环节。鉴于我们现行消费税在生产环节代缴，而国内烟酒产品消费税的偷逃也主要是在生产出厂环节，因此印花税也应在生产环节征收，由生产商向税务局申购税票，负责粘贴。

4. 将监督责任放在批发、消费环节。设立举报制度，对消费者举报零售商售卖未粘贴税票产品的，应视为偷税行为进行处罚，并对举报者给予奖励。同样，对零售商举报批发商或生产商分销未粘贴税票的产品时，也应有一定的奖励措施。通过设立举报制度，督促生产商合法缴纳印花税，并且激励销售商进一步监督生产商。

5. 成立专门对印花税的管理机构，对烟酒产品印花税征收进行全面的管理。包括对税票购买人的相关情况以及购买日期、数量等都应备案在录，并且永久保持此纪录。同时还要组织相关人员定期或不定期对购进税票的企业进行相关项目的核查。

6. 加强处罚力度，增加逃税成本，降低逃税概率。对于被举报查出生产和售卖未粘贴税票的烟酒产品的生产商和批发商、零售商，则不仅要吊销其生产和营业执照，追缴税款并罚款，情节严重的还要追究刑事责任，并规定一定时限不准再从事该行业。只有加大处罚力度，才能督促其合法经营，从而保证国家税收不受侵蚀。

9. 我们衣食住行都离不开这些

> 在满足了最基本的穿衣和温饱问题后,一些曾经被视为奢侈品的东西也会随着生活水平的提高,成为生活中的必需品。

基本满足人们生活需求的商品,其范围为衣、食、住、行,可以分几类,随时要消耗掉的柴米油盐酱醋茶、卫生、日用等,可以长期保有的衣物、家具等,可以使用的公共交通工具,可供置换临时租用的住所,这样,作为一个人的基本生活可以得到保障,很显然,房产、私家轿车、各类超出必须范畴的奢侈品均不在此范围内。

美国皮尤研究中心 2008 年公布的相关民意调查结果显示:生活消费品的地位会随着社会发展而改变。昔日被视为"奢侈品"的多种消费品,如今已被多数人视为生活必需品。

皮尤研究中心调查人员列举出汽车、洗衣机、电视机、洗碗机、有线电视和卫星电视等 14 种产品,让接受调查者判断这些商品在日常生活中属于"必需"还是"奢侈"。结果显示,必不可少的消费品的数量,在过去 10 年间成倍增长。

现在,大多数美国人认为,自己的生活已离不开不少昔日曾被视为"奢侈品"的产品,如微波炉、空调、家用电脑等。例如,认为汽车是必需品的人占到91%。汽车由此位列生活必需品首位。又例如，1996年，51%的成年人认为空调是必需品，而目前70%的人这样认为。认为微波炉是生活必需品的人数比10年前增加了1倍以上，达到68%。

调查还显示，比起上一代人，年轻一代更认可信息技术产品，如家用电脑、高速上网设备和手机等，他们认为这些产品和服务属于生活"必需"。

调查发现，过去10年间，无论美国公众的观念如何改变，变化的总体趋势是，越来越多的人把更多产品视为必需品而非奢侈品。例如，10年前，26%的人认为家用电脑是必需品，而现在则有51%的人这样认为。

调查还显示出一定的群体差异。例如，收入越高的群体，越有可能将产品视为必需品而非奢侈品。

调查中，大约45%年收入10万美元以上的成年人把调查者列举的14种产品中的10种以上列为必需品，而年收入3万美元以下的成年人只有15%持相同看法。

此外，33%的美国农村居民认为其中属于真正需要的产品不到5种，而城市和郊区的居民中，持这种看法的人分别占23%和24%。

美国锡拉丘兹大学媒体与大众文化教授罗伯特·汤普森认为，当今美国城乡人群中的多数不仅渴望得到新产品，而且感觉非拥有不可。汤普森认为，新产品改变了生活的组织形式。尚未普及的新产品通常会被当作奢侈品，而随着产品普及，新产品会在人们意识中逐渐成为必需品。

关于这项调查结果，宾夕法尼亚州心理学者保利娜·沃林认为，消费文化对人们的消费观念有着深刻影响，而现今流行的消费观念是，生活越轻松越好。沃林分析认为，从根本上看，人具有社会性，深受群体压力的影响。同时，人们还受到广告等消费文化的影响："起初，你想拥有某件产品，或许是因为其他人已拥有。从这个意义上说，这件产品是奢侈品，但你会逐渐对这件产品形成依赖。那时，奢侈品就成为了必需品，而现今，我们对新机器和新技术的依赖性越来越强。"手机就是这种消费观念渗入日常生活的一个例证。沃林说："手机刚发明时，我们并不感觉特别需要，因为周围似乎没有需要用手机联系的人。但随着手机渗入人们的消费观念，它的用途也越来越多。我们的依赖程度也就越来越强。"

10. 家电下乡加快了耐用消费品消费

> 耐用消费品由于其使用寿命长，价格也相对昂贵，消费者的购买行为表现得较为理性。

耐用消费品是指那些使用寿命较长，一般可多次使用的消费品。耐用消费品由于购买次数少，因而消费者的购买和决策行为较慎重。耐用消费品的典型适用产品如：家用电器、家具、汽车等。

耐用消费品主要市场特征为：产品周转周期长；长通路为主，同时辅以短通路；短通路一般为满足市场生动化的需要；市场生动化组织形态：在卖场尽可能多地进行产品演示和展示，此通路由企业或一级批发商控制。销售组织特征：办事处制；物流状况：在大区域设库房，注意经销商备货情况；着重于对消费者的售后服务。

耐用消费品由于其使用寿命长，价格也相对昂贵，消费者的购买行为表现得较为理性。消费者购买习惯如下：消费者购买时选择性大，购买决策相对复杂；消费者会仔细比较各种品牌的性能价格比，对产品品质、功效、售后服务质量，包括企业的商誉都有较高要求；消费者购买时并不就近购买，而是到规模较大、产品较集中的商场去购买，而且经常货比三家。

作为启动农村消费市场、扩大内需的"试水"之举，"家电下乡"由 2007 年 12 月三省一市的局部试点迅速发展成为目前一项惠及全国的"家电盛宴"。"家电下乡"相关政策的陆续出台以及家电消费补贴的不断落实，使农村地区广大消费者真正享受到了"家电下乡"带来的实惠。调查显示，2012 年我国农村居民家庭拥有的耐用消费品进一步丰富，拥有比例也有所提升，其中手机电话拥有比例最高，达到了 98.3%；洗衣机拥有比例达 84.1%；黑白/彩色电视、冰箱/冰柜和自行车/电动自行车分列第三、四、五位，拥有比例分别为 83.6%、82.4% 和 70.3%。

电视是我国农村居民最重要的信息来源和最信赖的传播媒体，收看电视节目一直是农村居民日常生活的重要组成部分。调查显示，2011 年农村居民每周平均有 5.1 天会接触电视，远高于对其他媒介的接触频率，传播优势无可比拟；农村居民平均每天用于收看电视的时间长达 133.2 分钟，领先于其他各类媒介，保持对农村目标人群稳定而高效的影响，为广告主搭建了农村市场推广与产品营销的良好平台。另外，网络媒体在农村地区的接触频率呈现不断崛起之势，2011 年农村居民对网络媒体的平均接触频次升至 1.4 天/周，平均每天接触时间达到 114.8 分钟之久，跃居各类媒体接触水平第二位，仅次于传统电视媒体。

随着近年来农民家庭收入的增加，农村居民生活条件不断改善，同时国家不断加大家电下乡政策的补贴力度和补贴范围，农村居民家庭拥有的耐用消费品拥有量迅速提高。其中，大众家电基本普及，消费档次稳步升级。根据2011年发布的数据显示，我国每百户农村居民家庭洗衣机、电冰箱和空调拥有量分别为62台、61台和23台；家庭抽油烟机拥有量为14台。

通讯工具和交通工具发展迅猛。2011年全国每百户农村居民家庭移动电话拥有量为179台；每百户居民家庭自行车拥有量为79辆；家庭摩托车拥有量为62辆；一些地区的私家汽车拥有量已经超过了20辆。

随着家电下乡补贴产品种类增多、推广范围扩大及实施力度增强，我国农村居民的庞大购买力进一步凸显。数据显示：农村居民家庭未来5年计划购买的前十类耐用消费品囊括了当前我国"家电下乡"所补贴的9个产品类型。其中，手机、电脑、彩电、热水器、空调等耐用消费品是农村居民家庭未来5年内打算添置的主要商品；未来1年内计划购置倾向较大的5类耐用消费品依次是手机、微波炉、电视、电脑、空调，购置比例分别达到9.7%、5.8%、5.6%、5.2%和4.7%；未来1~5年内计划购置倾向较大的5类耐用消费品依次是手机、电视、电脑、微波炉/电磁炉、空调，购置比例分别为41.7%、32.5%、27.0%、23.5%和23.5%。

11. 我们可以享受哪些福利

职工福利是指用人单位和国家通过建立集体福利设施、设立各种补贴、提供服务等形式，为职工改善和提高生活质量所提供的物质帮助。

一个层次的职工福利是政府通过立法，要求用人单位必须以向社会保险经办机构以缴纳税（费）的方式提供的具有强制性的社会保险项目，主要包括基本养老保险、社会医疗保险、失业保险、工伤保险、女职工生育保险等，从用人单位的角度可视之为法定福利。社会保险属于缴费性项目。社会保险的规模、筹资方式可以影响储蓄率、就业率、社会风险和分散程序以及财政平衡等。社会保险津贴项目可以分为短期津贴项目和长期津贴项目。短期津贴项目的支付期限一般不超过一年，包括医疗保险津贴、失业保险津贴、疾病保险津贴、生育保险津贴和因工伤、职业病而给予的暂时丧失劳动能力津贴等。法定福利的保障功能主要体现为以下三点：

1. 法定福利作为一种保险最初起源于政府通过一定的社会组织，抵御风险，对人力资源本身进行保护的一种需要。

风险是有差异性的。有些风险发生频率极高，具有普遍性特征，需要通过共同保险加以分散。

此外，对于一些社会性风险，诸如通货膨胀、战争、大的地震、由于商业循环以及宏观的社会经济因素而引起的经济衰退进而导致的工人大量失业，等等，这些风险的影响范围甚广，发生概率不稳定，对商业性保险来说，它们属于不可保风险。

其一，政府有权通过征税以分散社会性风险，例如政府征收累进的个人所得税、社会保险税、遗产税等，并将其用于收入再分配。

其二，政府能够使几代人共担风险。

其三，政府可以对社会保险支出进行价格指数化调整。

2. 法定福利可以"烫平熨齐"员工家庭因生命周期和经济周期变化而导致的生活水平的起伏波动。

3. 实施收入再分配，对某些特殊人群的劳动能力实施保护。

另一层次的职工福利是用人单位或行业在没有政府立法要求的前提下，为增强自身的凝聚力，吸引更多高素质的劳动力和人才，并鼓励他们在岗位上长期服务，而主动提供的福利。用人单位福利与法定福利项目及社会福利项目比较，具有以下特点：

用人单位福利是以业缘关系为标志的，只有在本单位就业的员工才能享受（有些福利项目员工家属也可享受）。

用人单位福利一般以普惠制方式向员工提供（某些企业或某些项目可能依据员工供职时间长短和贡献大小规定其享受待遇的高低差别）。

用人单位福利的资金来源于企业赢利，福利水平主要取决于企业的经济效益，在一定程度上反映企业的兴衰进退。

福利支出占劳动成本的比重亦逐年提高，这种高比重可归因于以下趋势：商业环境日趋严峻、工资成本不断提高、劳动力市场流动性加大以及工作价值的多元化等。企业需要关心的，并不是员工休假的原因，而是休假的总天数。在一定的天数内，职工为了使自己精神上得到调节，或因为家庭需要而休假，都是可以理解并且应当得到满足的。但是，当这些休假都以病假的名义出现时，往往会给企业的劳动安排带来很多麻烦，使管理人员感到"措手不及"。为了解决这个问题，一些企业开始试行取消病假制度，实行假日总数制。即在规定的假日总数内，不问职工休假的原因，一律照准。这样，员工知道自己或家庭有事，就可以名正言顺地提前请假。因为真正有病而休假的时间是少数的，这种做法使员工因临时休假给劳动管理造成"措手不及"的情况大大减少。试行这种新的休假制度的企业还发现，由于休假的灵活性提高了，假日的总数实际上还可以有所减少，同时还能使员工感到同样高兴。

12.
保障低收入者的住房权

社会保障性住房，政府当然可以用市场化的方式建设，但并不等于凡是市场化的住房都成了社会保障性住房。

保障性住房是指政府在对中低收入家庭实行分类保障过程中所提供的限定供应对象、建设标准、销售价格或租金标准，具有社会保障性质的住房。包括两限商品住房、经济适用住房、政策性租赁住房以及廉租房。社会保障性住房是我国城镇住宅建设中较具特殊性的一类住宅，它通常是指根据国家政策以及法律法规的规定，由政府统一规划、统筹，提供给特定的人群使用，并且对该类住房的建造标准和销售价格或租金标准给予限定，起社会保障作用的住房。社会保障性住房制度也就是在社会保障性住房建设、分配、流通等具体实践中形成的制度。

世界各国将住房大多分为公屋或私屋。公屋，公共住房是由政府买单的保障性住房。包括无偿提供土地和建设性费用，也包括无偿提供土地补贴费用等方式，包括人头补贴或砖头补贴，补贴中包括减免税费或贴息，当然也包括直接的财政转移支付。政府提供的是居住权利的保障，而私屋则为商品房，是私人拥有不享受政府买单优惠的自建或市场化的商品房，是私人支付全部土地使用成本与建筑成本的财产权利。

保障性住房不是要取消市场经济中的商品房。反之正是为了完善市场经济，挽救市场危机，刺激经济发展，弥补市场住房商品性缺陷的有力支持。这也恰恰是恩格斯与凯恩斯和类似经济学家提倡的政府在住房问题上参与干预的理由和原因。

中国实行的是土地有偿出让制度。一条划分保障与非保障性住房的分水岭就是土地的使用性质是出让还是划拨。出让土地中的商品房不管有什么样的差别与限制都是私有财产的一部分，是财产权利与实体财产的结合，是一种财富的概念。中国物权法中所保护的这种用益物权，就是对私人或法人财产权的一种保护。

只有划拨土地的住房是土地的财产权利归国家所有。购买经济适用住房者只拥有房屋的实体财产，但并不拥有土地的财产权利，而土地非出让的划拨则是政府的买单部分或财产收入的转移部分。这就是住房保障性质的最基本特征。"住房权"的保护分为两类：

一类是属于人权范畴的政府责任，目前中国的宪法中并没有将"住房权"列入人权的部分，而这恰恰是政府应承担保障的责任。在联合国的《人权宣言》和《公民权利和政治权利国际公约》等文件中都有明确的约定，尤其是《第四号一般性意见：适足住房权》也对此做了明确的解释。

另一类"住房权"则与人权的保护非直接关联（财产权是人权的一部分，但并非直接部分），而主要针对于财产权、用益物权的保护，两者之间既有关联但又分为两个不同意义的部分。

保障性住房权是国家对人权的保护。就像中国有城市对流浪者救济的制度一样，是人权的保护，也包括提供政府买单的免费食宿，但财产权则是非政府买单的另一类法律保护。由政府买单所提供的居住权利，并不直接或与完整的财产权相关。

社会保障性住房，政府当然可以用市场化的方式建设，但并不等于凡是市场化的住房都成了社会保障性住房。尤其凡是交纳了土地出让金的商品房都不能列入保障性住房的范畴，更不能认为政府建设保障性住房的目的是削弱市场经济中的商品房。

当前社会上有一种误解，认为增加政府的社会保障性住房是为了平抑市场中的房价，这就更错误了。政府买单的保障性住房是针对于买不起商品房和无能力自行解决住房问题（包括无能力租市场价的住房）的贫困家庭或中低收入家庭的人群。正因为自身无能力解决，才用政府买单的方式保障，而市场中的商品房则是针对于有能力自行解决住房问题的家庭与人群的。这是两个完全不同消费群体。

商品房是针对于有购买能力的人群，而保障房则是针对于无消费能力却又从人权的角度必须由政府来承担责任的部分。因此房价的高低与保障性住房的多少无关，也与保障性质无关。试图用市场化商品住宅来提供社会保障，不但在恩格斯的文章中，也在凯恩斯的文章中早就已有明确的说明了，这不但是不可能实现的，也是错误的，恰恰也是政府不应和无能力限制市场中的价格变化时，才必须用保障性住房解决社会矛盾和保护人权的基础理论。

第二章

有市场的地方，就有"战争"
——你买我卖的"游戏规则"

人类的生产活动包括生产、分配、交换、消费四个环节。其中重要的交换环节离不开市场，把握市场运转的经济常识，制定更好的经济政策，可以促进人类的生产、生活和发展。

1.
市场——你买我卖的地方

> 市场上各种商品的交换关系，形式上表现为物与物的交换，实质上体现着交换双方当事人之间的经济利益关系，因而反映一定的社会关系。

市场是社会分工和商品经济发展到一定程度的产物。传统观念的市场是商品交换的场所，如商店、集市、商场、批发站、交易所等等。狭义上的市场是买卖双方进行商品交换的场所；广义的市场是指由那些具有特定需要或欲望，愿意并能够通过交换来满足这种需要或欲望的全部顾客所构成的。

市场起源于古时人类对于固定时段或地点进行交易的场所的称呼，而此交易场所乃为消费者为了减少搜寻成本所形成。今日，市场具备了两种意义，其中一个意义是场所，如传统市场、股票市场、期货市场等等；另一意义为交易行为的总称。市场一词不仅仅只是场所，还包括了在此场所进行交易的行为，故当谈论到市场大小时，并不仅仅指场所的大小，还包括了消费行为是否活络。

当城市成长并且繁荣起来后，住在城市邻近区域的农夫、工匠、技工们就会开始互相交易并且对城市的经济产生贡献。显而易见的，最好的交易方式就是在城市中有一个集中的地方，像是市场，可以让人们在此提供货物以及买卖服务，方便人们寻找货物及接洽生意。当一个城市的市场变得庞大而且更开放时，城市的经济活力也相对会增长起来。

市场类型的划分是多种多样的。按产品的自然属性划分，可分为商品市场、金融市场、劳动力市场、技术市场、信息市场、房地产市场等；按市场范围和地理环境划分，可分为国际市场、国内市场、城市市场、农村市场等；按消费者类别划分，可分为中老年市场、青年市场、儿童市场、男性市场、女性市场等。现在的市场形式有传统市场、资金市场、信息市场、劳动力市场、服务市场、房地产市场和技术市场。现代市场的主要特征：

1. 统一的市场——意义：不仅使消费者在商品的价格、品种、服务上能有更多的选择，也使企业在购买生产要素和销售产品时有更好的选择。

2. 开放的市场——意义：一个开放的市场，能使企业之间在更大的范围内和更高的层次上展开竞争与合作，促进经济发展。

3. 竞争的市场——竞争是指各经济主体为了维护和扩大自己的利益而采取的各种自我保护的行为和扩张行为，努力在产品质量、价格、服务、品种等方面创造优势。

4. 有序的市场——要完善行政执法、行业自律、舆论监督、群众参与相结合的市场监管体系。意义：市场有序性能保证平等竞争和公平交易，保护生产经营者和消费者的合法权益。

市场虽为交易行为的总称，但交易行为不一定是自由的，尤其是在提供商品或选择交易对象时，会因外部的干扰，如法条、公约等加以限制。可以自由提供商品与选择交易对象的，称为自由市场，反之则为非自由市场。

市场是商品经济运行的载体或现实表现。相互联系的有四层含义：一是商品交换场所和领域；二是商品生产者和商品消费者之间各种经济关系的汇合和总和；三是有购买力的需求；四是现实顾客和潜在顾客。市场是社会分工和商品经济发展的必然产物。劳动分工使人们各自的产品互相成为商品，互相成为等价物，使人们互相成为市场；社会分工越细，商品经济越发达，市场的范围和容量就越扩大。同时，市场在其发育和壮大过程中，也推动着社会分工和商品经济的进一步发展。市场通过信息反馈，直接影响着人们生产什么、生产多少，以及上市时间、产品销售状况等；联结商品经济发展过程中产、供、销各方，为产、供、销各方提供交换场所、交换时间和其他交换条件，以此实现商品生产者、经营者和消费者各自的经济利益。

市场上各种商品的交换关系，形式上表现为物与物的交换，实质上体现着交换双方当事人之间的经济利益关系，因而反映一定的社会关系。市场上商品交换关系的性质，决定着市场的社会性质。在资本主义市场经济条件下，生产资料私有制的性质决定了市场的实现首先是为资本家实现其剩余价值，商品运动受剩余价值规律、资本积累规律的驱使，因而决定了市场的资本主义性质；在社会主义市场经济条件下，生产资料公有制的性质决定了市场上所发生的交换关系是作为公有制主人的广大劳动者之间的平等互助的关系，市场的实现首先是为满足广大人民群众的物质和文化生活需要，因而决定了市场的社会主义性质。

2.
市场交易就应该有游戏规则

> 社会主义市场经济的基本原则是等价交换、公平竞争、优胜劣汰，基本机制是利益机制，即利益最大化驱动机制，所有市场主体的一切行为都是追求利益的最大化。

市场经济是一种自主的经济、自由的经济、平等的经济、竞争的经济、信用的经济、法制的经济，这些基本要求所表达的自主、自由、平等、竞争、信用、法制等观念，就构成了市场经济的基本理念和基本原则。

在以市场经济为研究对象的西方经济学中，无论是需求定律、帕累托最优定理，还是交易成本理论等，都无不是以公平竞争和利益最大化这两点作为基本前提的。社会主义市场经济的基本原则是等价交换、公平竞争、优胜劣汰，基本机制是利益机制，即利益最大化驱动机制，所有市场主体的一切行为都是追求利益的最大化。

市场经济（即交换经济，目前最典型的是西方资本主义经济）的产生与发展在社会政治文化方面的四个外在条件：

一是普遍的自由。只有在自由的社会制度下才可能提供可供自由雇佣的劳动者。经济上通过圈地运动，使生产资料与劳动力分离，使自由劳动与自由雇佣成为可能；在政治上通过资产阶级革命以立法的形式确立了"天赋人权"的观念，宣告人类生而平等。使一切劳动者（包括资产拥有者与无产者）能自由支配自己的劳动力。

二是全民的平等。只有从根本上确立人与人之间的平等关系，才有可能使社会契约得到法制的保障。市场经济是社会信用高度发展的结果与体现，契约化是市场经济下人的根本交往方式。只有在全民平等的前提下，契约才能对人际一切关系产生规范作用。在教权制度下，契约是多余的，在君权（或专制）制度下，契约是一纸空文。资本主义平等观念的确立，为资本经济的发展创造了不可或缺的人文环境。

三是所有权的清晰。这里包含两个方面的内容。一是人们对自身劳动力的所有权，人是自由、平等、独立的，不隶属于任何别的个人或组织，不像以前任何社会制度，统治者对被统治者具有人身所有权；二是财产的所有权，政府明确声称，个人财产神圣不可侵犯，这使社会经济活动的结果即财富的创造得到了法制的保障。如果没有所有权的清晰，资本主义经济活动的原动力就不可能被唤醒，也许今天的人类历史还不会有如此丰富的物质财富被创造出来。

四是利他精神的传播。启蒙运动以来，个人主义的大旗一直飘扬在西方文明的天空，个性的发挥与财富的追求是天经地义，同时清教主义思想的利他精神也得到了新的阐释，个性与财富的追求是对至高无上的创造者的奉献。利他主义成了人际交往的另一重要原则，免除了社会不必要的内耗与破坏。每个社会成员必须要提高自身素质、道德修养，向社会负责。每个社会成员必须孜孜不倦、自强不息，通过自己诚实的有创造性的勤奋劳动不断创造财富，对社会做出贡献，并要对社会、对他人和对家庭负责，必须关心他人、关心弱者，绝不能唯利是图，不能自私自利，不能崇尚拜金主义，不能"人不为己、天诛地灭"。就是说，作为社会成员，首先要讲道德、讲责任、讲奉献，然后才是索取。只有每个社会成员都去这样做，经济才能长期持续健康发展，政治局面才能稳定，道德情操才能高尚，世间才能充满友爱，社会才能长治久安，民族才能屹立于世界。这些是艾哈德社会市场经济理论的深刻含义和核心所在。

3. 涨涨跌跌——价格波动

价格波动对人民的生产生活有很大的影响，价格波动对于人们生活的影响主要表现在价格变化影响消费需求。

价格是一种从属于价值并由价值决定的货币价值形式。价值的变动是价格变动的内在的、支配性的因素，是价格形成的基础。但是，由于商品的价格既是由商品本身的价值决定的，也是由货币本身的价值决定的，所以商品价格的变动不一定反映商品价值的变动，例如，在商品价值不变时，货币价值的变动就会引起商品价格的变动；同样，商品价值的变动也并不一定就会引起商品价格的变动，例如，在商品价值和货币价值按同一方向发生相同比例变动时，商品价值的变动并不引起商品价格的变动。因此，商品的价格虽然是表现价值的，但是，仍然存在着商品价格和商品价值不相一致的情况。在简单商品经济条件下，商品价格随市场供求关系的变动，直接围绕它的价值上下波动；在资本主义商品经济条件下，由于部门之间的竞争和利润的平均化，商品价值转化为生产价格，商品价格随市场供求关系的变动，围绕生产价格上下波动。

价格的作用是价值规律作用的表现，是价格实现自身功能时对市场经济运行所产生的效果，是价格的基本职能的外化。在市场经济中，价格的作用主要有：

1. 价格是商品供求关系变化的指示器。借助于价格，可以不断地调整企业的生产经营决策，调节资源的配置方向，促进社会总供给和社会总需求的平衡。在市场上，借助于价格，可以直接向企业传递市场供求的信息，各企业根据市场价格信号组织生产经营。与此同时，价格的水平又决定着价值的实现程度，是市场上商品销售状况的重要标志。

2. 价格水平与市场需求量的变化密切相关。一般来说，在消费水平一定的情况下，市场上某种商品的价格越高，消费者对这种商品的需求量就越小；反之，商品价格越低，消费者对它的需求量也就越大。当市场上这种商品的价格过高时，消费者也就可能做出少买或不买这种商品，或者购买其他商品替代这种商品的决定，因此，价格水平的变动起着改变消费者需求量、需求方向，以及需求结构的作用。

3. 价格是实现国家宏观调控的一个重要手段。价格所显示的供求关系变化的信号系统，为国家宏观调控提供了信息。一般来说，当某种商品的价格变动幅度预示着这种商品有缺口时，国家就可以利用利率、工资、税收等经济杠杆，鼓励和诱导这种商品生产规模的增加或缩减，从而调节商品的供求平衡。价格还为国家调节和控制那些只靠市场力量无法使供求趋于平衡的商品生产提供了信息，使国家能够较为准确地干预市场经济活动，在一定程度上避免了由市场自发调节带来的经济运行的不稳定，或减少了经济运行过程的不稳定因素，使市场供求大体趋于平衡。

影响价格波动的因素主要有以下八点：

1. 供求关系。现货交易是市场经济的产物,因此,它的价格变化受市场供求关系的影响。当供大于求时,现货价格下跌;反之,现货价格就上升。在市场经济条件下,上游商品价格上涨能否传导到下游,主要取决于商品的供求状况、供求弹性和产业链条的长短。一般地说,供求弹性小和供求衔接较好的产业,其传导效应应比较明显;相反,在供过于求或供求弹性大的领域,上游对下游的价格传导只有通过更为漫长的供求关系的变动来实现。

2. 经济周期。在现货市场上,价格变动还受经济周期的影响,在经济周期的各个阶段,都会出现随之波动的价格上涨和下降现象。

3. 政府政策。各国政府制定的某些政策和措施会对现货市场价格带来不同程度的影响。

4. 政治因素。现货市场对政治气候的变化非常敏感,各种政治性事件的发生常常会对价格造成不同程度的影响。

5. 社会因素。社会因素指公众的观念、社会心理趋势、传播媒介的信息影响。

6. 季节性因素。许多现货商品,尤其是农产品有明显的季节性,价格亦随季节变化而波动。

7. 心理因素。所谓心理因素,就是交易者对市场的信心程度,人称"人气"。如对某商品看好时,即使无任何利好因素,该商品价格也会上涨;而当对其看淡时,无任何利淡消息,价格也会下跌。又如一些大投机商们还经常利用人们的心理因素,散布某些消息,并人为地进行投机性的大量抛售或补进,谋取投机利润。

8. 金融货币变动因素。在世界经济发展过程中,各国的通货膨胀、货币汇价以及利率的上下波动,已成为经济生活中的普遍现象,这给现货市场带来了日益明显的影响。

　　价格波动对人民的生产生活有很大的影响，价格波动对于人们生活的影响主要表现在价格变化影响消费需求。不同商品价格变化对消费需求影响不同；相同商品价格变化对消费需求影响不同。价格波动对生产者的影响主要是调节生产，提高劳动生产率，生产适销对路的高质量商品。

4.
洛阳纸贵，货缺而贵

　　　　　　稀缺性是指在某一特定时空里，特定资源的总体有限性相对于人类欲望无限性及欲望的无限增长而言，特定时空里有限的资源大大小于人类满足欲望的总体需求。

　　资源稀缺性是指相对于人类无限的欲望，用来满足欲望的物品以及用来生产经济物品的资源总是有限的。资源稀缺性在西方经济学中被视为经济研究的出发点。实际上，资源稀缺性是一条普遍法则，不仅西方国家存在着资源稀缺性问题，我国同样也存在着这一问题。正确认识资源所具有的稀缺性，有利于我们牢固地树立科学发展观和资源节约观，有利于推动技术进步。

　　商品的价格并不是由它们的生产存量多寡所决定的，也不是由它们本身所带给人们的使用价值决定的，而是由它们带给人们的边际效用决定的。换句话说，水之所以价格很低，并不是水对人的用处小，而是因为全世界水的存量实在是太多了,以至于你无论是在哪里都会轻易地得到一杯水,所以,那多给的一杯水对你的效用简直没有什么大不了的,于是,水的价格就很低。而钻石的情况恰好与此相反,一来,它本身的蕴藏量很少,二来,其开采成本极高,所以,哪怕你只想得到半颗钻石,那也很不容易,于是,它的价格就高。其他情况,依次类推。

资源相对于人类的需要总是少于人们能免费或自由取用的情形。因为存在资源的这一特性,才需要经济学研究如何最有效地配置资源,使人类的福利达到最大程度。社会资源具有有限性,即指社会所生产出的商品是有限的,无法满足人们所有的欲望。稀缺性是指在某一特定时空里,特定资源的总体有限性相对于人类欲望无限性及欲望的无限增长而言,特定时空里有限的资源大大小于人类满足欲望的总体需求。稀缺资源,在以人类活动的年限来说,是无法在短时间内找到替代品,或者稀缺资源本身的再生,是无法满足人类无限欲望的需求期望。根据西方经济学的观点,资源的稀缺性会导致竞争,良性的竞争会引起资源的最优配置,从而弥补资源稀缺所带来的限制。举例来说:我们呼吸的空气就没有什么稀缺性可言,任何人都可以任意地自由呼吸,所以,并没有专门研究分配空气的学问。但就大多数自然资源来说,几乎都是稀缺的。人类的产品都要靠消耗自然资源来生产的,所以人类产品也都是稀缺的。经济学要研究如何生产、分配和利用这些资源和产品,以节省资源,达到最佳效用。过去认为水资源是无限的,所以不太重视用经济手段来调节水资源的利用。现在看来,水是稀缺资源,所以我们现在开始提倡节约用水,也开始重视利用经济手段来调节水资源。

商品利润何来?从稀缺中来。没有稀缺,就不成其为商品,也谈不上利润。产品的稀缺,是由垄断(不完全竞争)造成的。只有不完全的竞争，才谈得上利润。高度垄断意味着高额利润。所谓"垂直分工"、"发展高科技产业"，不论其名词如何，本质上就是追求产品的垄断性，从而在产品交换上获得超额利润。、由此进一步推论，所谓垂直分工，实际上就是一种按资分配，因为只有发达国家才有足够的资本去搞高技术产业。这种按资分配是导致国际经济秩序不合理的根本原因。富国愈富，穷国日穷，国际贫富分化已成为当今世界经济的主要矛盾。

相对而言，使用价值高的商品（如粮食）具有涨快跌慢的特点，使用价值低的商品（如古玩）具有涨慢跌快的特点。以粮食为例，如果减产10%，而国家又没有储备，那么粮价绝不是上涨10%，而很可能上涨50%；如果减产20%，则可能上涨一两倍；如果减产50%，全国出现大饥荒，粮价上涨将在十倍以上。但是，如果粮食丰收，粮价的下跌幅度相对而言不会太大。不过，粮食这种商品，价格的下跌意味着农民耕种的积极性下降，就可能引发以后的粮食危机。历史上绝大多数农民起义和社会动乱事件都和粮食危机有着密切联系。"手中有粮，心里不慌"，这是永恒的真理。因此，粮食这种最重要的战略性商品，无论何时也不能使其生产者处于亏损状态。永远不能单纯使用所谓市场调节规律来对待粮食。

使用价值低的产品，如古玩、股票等，价格涨起来都比较慢，但一遇到风吹草动的消息，价格往往飞流直下。股票价格可以通过调节发行速度（即供应量）来调节，但古玩这类商品，由于其稀缺度（总数量）相对比较稳定，因此价格具有另一种特点。随着经济的发展，从大趋势看，这类商品的价格会不断上涨，永不回头，除非遭遇经济危机。因此，稀缺度一定的奢侈商品，其价格上涨情况实际是和国民经济的发展成比例的。

5.
明码标价与讨价还价的秘密

买者卖者都希望从市场活动中获得收益：一个叫"消费者剩余"，一个叫"生产者剩余"，两者相加，叫"市场总剩余"。

消费者剩余是指消费者为取得一种商品所愿意支付的价格与他取得该商品而支付的实际价格之间的差额。产生差额的原因在于：除最后一单位外，该商品用货币表示的边际效用（以美元表示）都大于其价格。在一定条件下（利用需求曲线图），消费者剩余的货币价值可以用需求曲线以下、价格线以上的面积来衡量。"消费者剩余"的概念，是纽约大学教授马歇尔在《经济学原理》一书中提出来的。简单地说，就是买者卖者都希望从市场活动中获得收益：一个叫"消费者剩余"，一个叫"生产者剩余"，两者相加，叫"市场总剩余"。

产生消费者剩余的原因：一是边际效用递减律，二是消费者根据对具体产品或服务边际效用的评价而愿意支付的价格，经常高于他们实际支付的由市场供求关系决定的市场价格。影响消费者剩余的主要因素有：

1. 垄断对消费者剩余的影响。西方经济学认为，垄断导致产量减少、资源浪费和技术上的低效率。垄断不仅使消费者剩余向生产者剩余转移，而且还涉及制造和竭力防止这类转移的成本。处于垄断地位的企业作为谋求垄断利润的组织，必然造成较低产量和较高价格，使消费者剩余减少，并造成社会性损失。这种福利损失也称无谓损失，是指实际收入的损失，或由于垄断、关税、配额或其他破坏所引起的消费者剩余和生产者剩余的损失。产业组织理论给出了垄断定价导致社会福利净损失的证明。

2. 政府规制对消费者剩余的影响。政府规制一般都有维护公共利益的目标，但在实际过程中却往往偏离这一目标。这主要是因为每一项规制措施出台的背后都是多种力量博弈的结果。奥尔森提出了著名的"集团规模"理论。他认为，政府对某个产业的监管从设计到实施都首先从被监管对象的利益出发，并非从全民或公共利益出发。依据集体行动的逻辑理论，规制政策以牺牲大集团的利益为代价而保护小集团的利益。斯蒂格勒提出"监管市场"理论，认为所有的监管安排同样由需求和供给决定，政府对产业的监管调控进程往往为少数存在利益相关性的企业所左右。他认为，经济管制主要不是政府对公共需要的有效和仁慈的反应，而是行业中的一部分厂商利用政府权力为自己谋取利益的一种努力。产业部门比消费者更有积极性去影响政府决策。私人利益理论认为监管的存在是为了私人团体的利益，监管者本身也是自利的，他们在监管活动中会不断追求政治支持的最大化。规制俘虏理论认为，监管常常遭到被监管者的"捕获"，意即监管常常为被监管者的利益服务。佩兹曼认为，小的利益集团比大集团更容易组织，它们能比大集团表现出就某项规制政策的更强烈的偏好。由此，规制将倾向于保护小的利益集团，而以牺牲更大团体的利益为代价。

3. 寻租对消费者剩余的影响。寻租与消费者剩余之间有内在的联系。冯（Fung）分析了"对人为剩余的寻求"，这部分剩余包括两个部分，其一是消费者剩余，其二是生产者剩余（Fung, 1987）。Parente 和 Prescott 研究发现，如果要素提供者合作成为下游厂商的垄断供给者，使均衡产出是应用较差的技术以较低的效率实现，将使穷国相对更穷，而消除垄断权力会使相关行业的国内生产总值提高2倍以上。在转型时期，中国国有企业存在政企合一的特殊现象，政府、厂商和消费者三方满意的均衡点是找不到的，而几乎所有的成本都由消费者承担。

4. 税收对消费者剩余的影响。不合理的税制会导致消费者剩余的减少。超额负担问题是西方财政理论中最古老的问题之一，杜标特（j. dupuit）在1844年的著作中已经进行了论述。到20世纪初，西方财税理论界开始用马歇尔的基数效用理论来分析超额负担问题，从而形成了所谓的马歇尔式超额负担理论。其核心是以消费者剩余理论为基础，说明课税扭曲了被课税商品与其他商品的消费选择，并由此造成超额负担。阿诺德·哈伯格在《公司所得税的归宿》（1962年）中提出了"三角形"超额负担理论，并进行数理推导，得出了在线性需求曲线条件下测定超额负担的计算公式。

5. 国际贸易和关税对消费者剩余的影响。一个国家不一定能真正从贸易中受益。一般认为，国际贸易可以促进竞争，增加商品和服务的可选性，从而使消费者受益。如果消费者从国外企业所生产的产品中得到的利益大于国内生产者所遭受的损失，即国外消费者剩余的增加大于国内生产者剩余的减少，那么进行贸易就是有利的。通过贸易自由化，一个国家可以获得本国由于资源或技术限制而无法生产的产品，从而可以提高国内福利水平。进口税变化对消费者剩余、生产者剩余和社会福利的损益均有影响。brander 和 spencer 开创了战略性进口贸易政策的研究，他们假设生产完全替代品的一本国企业与一个外国企业在本国市场上进行竞争，则关税一般会提高本国福利。但在配额下，政府把进口特许权发放给某些厂商，使其获取高额利润。由于进口数量下降，商品价格提高，消费者剩余的减少大于厂商超额利润与政府收入之和，从而出现净福利损失。还有学者认为，在贸易政策中，关税设置本质上是损人利己的，它违背了帕累托标准，从而导致国际贸易整体上的效率损失。

6. 产权制度对消费者剩余的影响。产权制度对消费者剩余是有影响的。诺思认为，国家是一个带有歧视性的垄断者组织，它不可能超越各种社会利益集团而追求整个社会福利的最大化和始终为社会提供有效的产权，"即使对历史和当代世界做一般的考察，也可以清楚地看到'无效率'的产权是常态而非偶然。"在中国，企业产权扭曲度变动的福利效应与它是否会导致恶性竞争定价有关。由于国有企业产权结构扭曲，使消费者行为约束弱化，消费者行为约束是"软约束"。有人认为，没有理由证明与私有产权相比，公有产权在资源配置方面一定是无效的。一般情况下，私有产权的高效性主要表现为所有者剩余的最大化，但它往往会侵蚀资源的其他剩余，比如劳动者剩余或消费者剩余。

6.
一样的商品，不一样的价格

价格歧视是指一家厂商或企业在同一时间对同一产品或服务索取两种或两种以上的价格。在卖主为垄断者或寡头的市场中，价格歧视则是很常见的。

一般说来，价格歧视是指一家厂商在同一时间对同一产品或服务索取两种或两种以上的价格。它还可指一家厂商的各种产品或服务价格之间的差额大于其生产成本之间的差额。在完全竞争市场上，所有的购买者都对同质产品支付相同的价格。如果所有消费者都具有充分的知识，那么每一固定质量单位的产品之间的价格差别就不存在了。因为任何试图比现有市场价格要价更高的产品销售者都将发现，没有人会向他们购买产品。然而，在卖主为垄断者或寡头的市场中，价格歧视则是很常见的。价格歧视的存在需要一些条件：

1. 厂商必须面对向下倾斜的需求曲线，即产品的需求与其价格成反比。

2. 两个或两个以上的购买团体必须能在某一成本下区分开，该成本不超过区分他们所能带来的收入。即厂商能够以合理的成本进行市场细分。

3. 必须阻止不同购买集团之间贱买贵卖的转卖行为。

4. 不同的购买集团对产品的需求价格弹性必须不同，并且为厂商所知。即厂商了解购买集团对产品的不同的需求程度。

价格歧视可以分为一级价格歧视、二级价格歧视、三级价格歧视。如果厂商对每一单位产品都按消费者所愿意支付的最高价格出售，这就是一级价格歧视，一级价格歧视也被称为完全价格歧视；只要求对不同的消费数量段规定不同的价格，叫二级价格歧视，二级价格歧视不如一级价格歧视那么严重；垄断厂商对同一种产品在不同的市场上（或对不同的消费群）收取不同的价格，叫三级价格歧视。

价格歧视看上去好像很神秘，其实它无时无刻不在我们身边。你走进大卖场，会发现一袋液态奶需要2元，而一盒装有12袋的液态奶却只要20元，这就是一种价格歧视，即你要为同样的商品支付不同的价格。一般电影院会对学生和老人打对折，这样支付能力低的学生和老人也可以去看电影，电影院既不会失去这部分客户，又能对其他客户收取较高费用。

还有当你开着法拉利，戴着劳力士，路过一个路边商店，问老板一件衣服多少钱，他可能会说 1000 块。但是如果你骑了辆除了铃儿不响、哪儿都响的自行车，穿着皱巴巴的衬衫，跑去问那个老板同样的衣服多少钱，你得到的答案可能就是 100 元了。这也是一种价格歧视，商店根据顾客对价格不同的敏感程度收取不同的价格，所以价格歧视在我们生活中无处不在、无时不有。

最能体现价格歧视的例子当属机票的价格。不要说头等舱、商务舱和经济舱的座位标价悬殊，就连相邻的两个座位价格都可能相差一倍——这就是航空公司的价格歧视，它通过对人群进行甄别，然后对不同群体收取不同的费用来实现自己的利润最大化。

一般如果你提前两周或一个月去预定机票，价格会比即买即走要低得多。因为提前订票的大都是经常看报寻找优惠活动的闲人，把这些人甄别出来，就可以用低廉的价格来吸引他们。但是对那些说走就要走的忙人，价格不是最重要的因素，时间才是最宝贵的。这样的客户群体，收费当然要高啦。经济舱和头等舱的道理也一样。

7. 看起来很美的市场泡沫

泡沫经济主要是指虚拟资本过度增长而言的经济现象。虚拟资本有相当大的经济泡沫，虚拟资本的过度增长和相关交易持续膨胀，与实际资本脱离越来越远，形成泡沫经济。

市场泡沫就是超出市场实际价值的那部分。比如说市场股票实际只值1亿，但是被热炒到2个亿，那么市场就出现了1个亿的泡沫。泡沫是怎么形成的？求大于供，就会形成泡沫。当市场有2个亿的资金的时候，而股票只有1个亿的市值时，2亿资金来买1亿的东西，市场就会形成泡沫。市场泡沫过度会影响到实体经济。当泡沫越来越大时，一旦泡沫破裂，会造成通货膨胀、经济危机。

泡沫经济主要是指虚拟资本过度增长而言的。所谓虚拟资本，是指以有价证券的形式存在，并能给持有者带来一定收入的资本，如企业股票或国家发行的债券等。虚拟资本有相当大的经济泡沫，虚拟资本的过度增长和相关交易持续膨胀，与实际资本脱离越来越远，形成泡沫经济。

泡沫经济源于金融投机。正常情况下，资金的运动应当反映实体资本和实业部门的运动状况。只要金融存在，金融投机就必然存在。但如果金融投机交易过度膨胀，同实体资本和实业部门的成长脱离越来越远，便会造成社会经济的虚假繁荣，形成泡沫经济。

泡沫经济与经济泡沫既有区别，又有一定联系。经济泡沫是市场中普遍存在的一种经济现象。所谓经济泡沫是指经济成长过程中出现的一些非实体经济因素，如金融证券、债券、地价和金融投机交易等，只要控制在适度的范围中，对活跃市场经济有利。只有当经济泡沫过多，过度膨胀，严重脱离实体资本和实业发展需要的时候，才会演变成虚假繁荣的泡沫经济。可见，泡沫经济是个贬义词，而经济泡沫则是个中性范畴。所以，不能把经济泡沫与泡沫经济简单地划等号，既要承认经济泡沫存在的客观必然性，又要防止经济泡沫过度膨胀演变成泡沫经济。

在现代市场经济中，经济泡沫之所以会长期存在，是有它的客观原因的，主要是由其作用的二重性所决定的。一方面，经济泡沫的存在有利于资本集中，促进竞争，活跃市场，繁荣经济；另一方面，也应清醒地看到，经济泡沫中的不实因素和投机因素，又存在着消极成分。

对市场泡沫的基本判断是：一，按照现在中国经济发展态势和人民币升值的节奏，流动性过剩无法回避；二，在比较有限的投资品种选择下，在现阶段股票是优于房地产的一个投资品种，因为从基本理论讲，房地产的价格粘性比股票大些，股票是流动性更好的资产；三，整个市场高估增加市场调整的可能性和空间，如果股票的价格远远脱离企业基本面，还是有很大的调整的可能性和空间的。

房地产泡沫是指房子价格猛涨并已远离其价值。换言之，房地产泡沫是指人们为了得到该房屋而必须支付的金钱猛涨而远离其为得到该房屋而愿意支付的金钱，而这"必须支付的金钱"与"愿意支付的金钱"之间的"差额"就是"泡沫"。我们假设"必须支付的金钱"为A，"愿意支付的金钱"为B，则"差额"即"泡沫"$C = A - B$。

当房价收入比在合理范围内时，此时价值（价格）均衡，即"必须支付的金钱"与"愿意支付的金钱"这时是相等的，即 A／B＝1，这时 C＝0，说明此时泡沫不存在。当房价收入比超过了某一"上限"后，也就是说此时价值（价格）不能实现均衡，即"必须支付的金钱"大于"愿意支付的金钱"，即 A／B＞1 时，显然此时 C＞0 时，说明泡沫存在；显然，A／B 的比值越大，C 数值也相应越大，说明泡沫也越严重。此时是最典型的地产泡沫，即房屋空置泡沫。

当然，泡沫也很可能呈现一种更复杂的、更隐蔽的表现形式。那就是价值（价格）虽然实现了均衡（供给价格与需求价格均衡），但此时的 B 实际上却是由 B1+ B2 所构成的，其中 B1 是真实的"愿意支付的金钱"即真实（自住和投资）购房者"愿意支付的金钱"，而 B2 是虚拟的"愿意支付的金钱"即投机购房者"愿意支付的金钱"；此时虽然 A／B＝1，即 C＝0，但此时的 B2 从本质意义上讲，同 C 并没什么根本的差别了。这时的泡沫表现形式就是地产价格泡沫或地产投资泡沫这两种形式，或是这两种形式兼而有之。当然实际市场情形可能会更加复杂，即在 A／B＞1，即 C＞0 时，依然有 B2 的存在，那么，此时，实际上是房屋空置泡沫、地产价格泡沫或地产投资泡沫这三种形式很可能是同时存在了。

8.
道德风险是不可避免的

> 道德风险并不等同于道德败坏。并且在经济活动中，道德风险问题相当普遍。

道德风险并不等同于道德败坏。道德风险是80年代西方经济学家提出的一个经济哲学范畴的概念，即"从事经济活动的人在最大限度地增进自身效用的同时做出不利于他人的行动"。或者说是：当签约一方不完全承担风险后果时所采取的自身效用最大化的自私行为。道德风险亦称道德危机。

在经济活动中，道德风险问题相当普遍。获2001年度诺贝尔经济学奖的斯蒂格里茨在研究保险市场时，发现了一个经典的例子：美国一所大学学生自行车被盗比率约为10%，有几个有经营头脑的学生发起了一个对自行车的保险，保费为保险标的15%。按常理，这几个有经营头脑的学生应获得5%左右的利润。但该保险运作一段时间后，这几个学生发现自行车被盗比率迅速提高到15%以上。何以如此？这是因为自行车投保后学生们对自行车安全防范措施明显减少。在这个例子中，投保的学生由于不完全承担自行车被盗的风险后果，因而采取了对自行车安全防范的不作为行为。而这种不作为的行为，就是道德风险。可以说，只要市场经济存在，道德风险就不可避免。道德风险的特点主要有：

1. 风险的潜在性。很多逃避银行债务的企业，明知还不起也要借，例如，许多国有企业决定从银行借款时就没有打算要偿还。据调查，2014年我国国有企业平均资产负债率高达64.5%左右，其中负债的80-90%都是来自银行贷款。这种高负债造成了企业的低效益，潜在的风险也就与日俱增。

2. 风险的长期性。观念的转变是一个长期的、潜移默化的过程，尤其在当前我国从计划经济向市场经济转变的这一过程将是长久的阵痛。切实培养银行与企业之间的"契约"规则，建立有效的信用体系，需要几代人付出努力。

3. 风险的破坏性。思想道德败坏了，事态就会越变越糟。不良资产形成以后，如果企业本着合作的态度，双方的损失将会减少到最低限度，但许多企业在此情况下，往往会选择不闻不问、能躲则躲的方式，使银行耗费大量的人力、物力、财力，也不能弥补所受的损失。

4. 控制的艰巨性。当前银行的不良资产处理措施，都具滞后性，这与银行不良资产的界定有关，同时还与银行信贷风险预测机制、转移机制、控制机制没有完全统一有关。不良资产出现后再采取种种补救措施，结果往往于事无补。

道德风险化解的措施主要有：

1. 建立相关立法制度。"信，国之宝也，民之所凭也。"建立信用体系的直接结果之一就是逐渐消灭道德风险发生的空间。信用体系的建立，一方面要建立在相应的意识形态领域教育基础之上；另一方面更要建立相关立法制度，从制度上严厉惩治、打击道德风险犯罪，尤其是发生在金融领域的道德风险犯罪，这才是根本。

2. 提高银行内部经营人员的风险意识。近几年来，全球金融风暴对中国经济产生了较大冲击，中国央行也针对此调整了相应的货币政策，但是对我国经济的破坏性并不严重，因此国内金融从业人员没有真正意识到金融风险所带来的毁灭性。我们看到在日常经营管理中，对金融风险的防范没有引起足够的重视，这就存在着极大的潜在风险。未雨绸缪，防范道德风险首先应从提高银行内部风险意识做起，这是基础。

3. 提高信贷不良资产界定的预见性及信贷风险预警系统的灵敏度。目前各银行仍然缺乏综合的、可信的违约数据和损失覆盖数据，缺乏充分的返回检验结果，监管跟不上，对信贷风险的预警提示远远达不到管理的要求，由于缺乏充分而可靠的信息，对道德风险的防范也就难以企及。提高信贷不良资产界定的预定性及信贷风险预警系统的灵敏度则能有效防范和化解可能出现的道德风险，以增强银行防范风险的能力。

9. 市场真的有理想的国度吗

> 帕累托改进是指一种变化，在没有使任何人境况变坏的前提下，使得至少一个人变得更好。

帕累托最优（Pareto Optimality）这个概念是以意大利经济学家维弗雷多·帕累托的名字命名的，他在关于经济效率和收入分配的研究中最早使用了这个概念。帕累托最优也称为帕累托效率，是博弈论中的重要概念，并且在经济学、工程学和社会科学中有着广泛的应用。帕累托最优是指资源分配的一种状态，在不使任何人境况变坏的情况下，而不可能再使某些人的处境变好。帕累托改进是指一种变化，在没有使任何人境况变坏的前提下，使得至少一个人变得更好。一方面，帕累托最优是指没有进行帕累托改进的余地的状态；另一方面，帕累托改进是达到帕累托最优的路径和方法。帕累托最优是公平与效率的"理想王国"。

如果一个经济制度不是帕累托最优，则存在一些人可以在不使其他人的境况变坏的情况下使自己的境况变好的情形。普遍认为这样低效的产出的情况是需要避免的，因此帕累托最优是评价一个经济制度和政治方针的非常重要的标准。一般来说，达到帕累托最优时，会同时满足以下3个条件：

1. 交换最优。即使再交易，个人也不能从中得到更大的利益。此时对任意两个消费者、任意两种商品的边际替代率是相同的，且两个消费者的效用同时得到最大化。

2. 生产最优。这个经济体必须在自己的生产可能性边界上。此时对任意两个生产不同产品的生产者，需要投入的两种生产要素的边际技术替代率是相同的，且两个消费者的产量同时得到最大化。

3. 产品混合最优。经济体产出产品的组合必须反映消费者的偏好。此时任意两种商品之间的边际替代率必须与任何生产者在这两种商品之间的边际产品转换率相同。

经济学应用帕累托最优的概念，隐含着三个极重要的前提。

第一个前提是它假定社会中每个成员的权利是相同的，如果损害某人而让别人得益就不是帕累托最优。它的深刻含义在于市场经济是一个人人平等的经济。在被帝王贵族统治下的经济，统治者的权利高于被统治者，因而那里不可能实现市场经济。

第二个前提是在市场经济中帕累托最优取决于每个人的初始资源，包括个人的天分、家庭和受教育的环境、从上一辈得到的遗产等。所以市场经济承认各人所达到的富裕程度的差异，这种差异是因为各人参与到市场中来时的起始点不同。

第三个前提是假定各人的幸福仅仅取决于他所享受的物质条件。这一前提使得市场经济中的每个人都能享受到越来越丰富的物质条件。但他们是否一定更幸福则未必，如果各人的幸福感还与其他因素有关，举例说，一个人的幸福感如果建立在财富的比较而不是财富的享受，那么想办法把别人弄穷自己就会感到幸福。这种损人不利己的行为必然破坏了帕累托最优。摆阔或炫耀虽然不等于把别人弄穷，但其心理基础则是将幸福建立在财富的比较，而不是财富的享受上。妒忌原是人类劣根性，如果对这种恶劣心态不提防，甚至加以煽动挑逗，社会就不会有安宁，人民也不会有幸福感。基于这种心理的政策更是可怕的，社会中最富的一个人是使全国人民感到痛苦的根源，如果剥夺他的财产使其变为全国平均水平，就会使全国中的一半人感到幸福；如果剥夺他的全部财产扫地出门，则可以使所有怀有妒忌心的人全都感到幸福。可是事情并没有结束，解决了最富的人，原来次富的人变成了最富的人，还要依法炮制。一直到所有的人都变为赤贫，才算全部解决问题。可悲的是这种政策的结果是从根本上消灭了一切个人致富的机会，它并没有使任何一个人略为感到更幸福一丁点儿，而是全部落入了原先最不希望出现的悲惨景况。

市场制度的规则是以帕累托最优为目标来设计的，而且二三百年来市场制度的实绩也证明了这种规则确实可以实现相当接近于帕累托最优的状态，即社会的物质财富极大地丰富，人民物质生活享受有极大的提高。近几百年的世界历史也从反面证明了任何偏离帕累托目标的追求（例如为了实现某种天国理想，突出人与人物质的平等）都导致了社会的悲剧。如果我们同意帕累托最优的目标是可取的，我们就应该警惕偏离这个目标的价值判断，其中之一就是将幸福感置于财富的比较而不是财富的享受。全社会应自觉地抵制摆阔和炫耀，摒弃任何形式的妒忌。小平同志提出的"让一部分人先富起来"正是帕累托最优的政策化，它已经产生出空前巨大的威力。

当今我们见到的市场中种种不如人意的现象，有很大一部分正是违背了帕累托最优的原则。这个原则是每个人都有权追求物质享受，但不得侵犯别人的权利。每个人的享受是多目标规划中一个独立的目标，这些目标都有相同的地位，人与人是平等的。遗憾的是我们经常见到的是侵犯别人的权利和利益，例如违约失信、假冒伪劣、借钱不还、非紧急公务出行用警车开道，更不用说一些人用违背良心的办法去赚钱，用毁坏健康的办法去花钱。顺着帕累托最优的方向，理应可以建立一个尊重人、成人之美、和谐幸福的社会。在这样一个社会中，一切交易为人们提供生活方便和发挥才干的机会。人们感谢和他做交易的对手，而且这种感谢并非仅仅来自一方。

市场制度是人类历史上最伟大的发明，帕累托最优的天才构想指出了市场制度的组织原则。这种原则有利于一切人，至少每个人都有同样的机会去追求物质享受，它不鄙视任何一个个别的人。但是市场制度也绝不是人类社会的最终阶段，人们还会寻求更高层次上的享受，即精神方面的享受，包括满足人们的求知欲、创造欲、对友爱和健康的追求。物质享受通过交换取得，精神享受则不能通过交换得到，而是要通过自身的修养得到。当然，任何一个社会不可能脱离物质条件，因此市场制度不可能完全被摒弃，但必定会加以重大的补充。那将是一个什么样的社会，我们还无法对它加以描述，但这个发展的方向，更多地追求精神享受，看来是比较正确。

10. 有市场的地方就有竞争

竞争与市场紧密联系在一起，没有市场就谈不上市场竞争，不能保证充分竞争状态的市场不是完整的市场经济。

经济学上的竞争是指经济主体在市场上为实现自身的经济利益和既定目标而不断进行角逐的过程。竞争是指在市场上存在大量潜在的供应商和消费者，因此，没有人能控制产品、价格等市场因素，竞争是与垄断相反的经济形式。

竞争是在资源数量不能满足需要时，生物个体间所发生的争夺现象。在同种个体间出现的竞争称为种内竞争，其结果是削弱了弱的个体而有利于保存种。在异种个体间进行的竞争称为种间竞争，其结果是一个种可能被另一个种代替，因此提倡和营建安全竞争就显得尤为重要。安全有序竞争是与恶性竞争相对应，是指除了降价和相互拆台等不良手段之外的、良好有序的竞争。在一个公平公开的市场体制之下，更多提倡提高服务水平，增强企业的核心竞争力等促进企业和行业内部健康发展的竞争方式。

竞争与市场紧密联系在一起，没有市场就谈不上市场竞争，不能保证充分竞争状态的市场不是完整的市场经济。人为消除市场中应有的竞争，是典型的反竞争行为，反竞争行为是在损害市场经济的根本。反竞争行为与不正当竞争行为不是完全相同的两个概念，前者包括排除竞争、阻止竞争的发生，及消灭竞争的存在和避开竞争；后者属于竞争中的不正当行为，扰乱正常市场竞争秩序，损害市场经济的健康发展。不正当竞争从性质上属于反竞争行为，可反竞争行为不仅限于不正当竞争行为。

《反不正当竞争法》就是实施安全竞争的很好的例子，其基本原则有：

（1）自愿原则：当事人按自己的意愿设立、变更或终止商业关系，不得强买强卖；

（2）平等原则：参加交易的主体法律地位平等；

（3）公平原则：参加市场竞争主体按规则行事，不得非法获取竞争优势；

（4）诚实信用原则：善意、诚实、恪守信用，不得欺诈；

（5）遵守公认的商业道德原则；

（6）不滥用竞争权利原则。

市场经济秩序混乱已成为当前社会经济生活中的突出问题。从近年揭露出来的走私、骗税、制售假冒伪劣商品以及建筑领域招投标弄虚作假和金融领域等大案要案来看，破坏经济秩序的违法犯罪活动之猖獗、问题之严重、性质之恶劣，使人触目惊心。如果任由这些问题存在和蔓延，不仅严重影响国民经济的健康运行，将给国家、企业和群众的利益造成重大损害，而且导致投资环境恶化，败坏国家信誉和改革开放的形象。由于市场没有得到监管，就会无序，那么市场价值会被某些利益集团所扭曲，使价格长期不能体现产品的价值，于是使得该集团能够控制市场，从而谋取利益，并没有起到优胜劣汰的市场竞争格局，而是比谁资金占优势而已。

11. 称霸市场的巨无霸们

> 寡头就是指少数几家厂商垄断了某一行业的市场，控制了这一行业的供给。寡头市场在经济中占有十分重要的地位。

寡头，其原意是指为数不多的销售者。寡头就是指少数几家厂商垄断了某一行业的市场，控制了这一行业的供给。或者说，寡头是有少数几个相互竞争的生产者的市场。在这种市场上，几家厂商的产量在该行业的总供给中占了很大的比例，每家厂商的产量都占有相当大的份额，从而每家厂商对整个行业价格与产量的决定都有举足轻重的影响。而这几家厂商之间又存在着不同形式的竞争。

寡头市场的产生主要是由于规模经济。为什么在钢铁、汽车、造船这类重工业行业中寡头是最普遍的呢？我们知道，这些行业有一个基本特点，就是这类产品只有在大规模生产时才能获得好的经济效益。因为这些行业都要使用先进的大型设备，要有精细的专业分工，这样，在开始投资时所需的资金十分巨大，只有在产量达到一定规模后平均成本才会下降，生产才是有利的。即在这种行业中,大规模生产的经济特别明显。

根据寡头市场的产品是否有差别,可分为纯粹寡头(Pure oligopoly)和差别寡头(Differentiation oligopoly)两类:生产无差别产品的寡头称为纯粹寡头(例如钢铁、石油行业的寡头),生产有差别产品的寡头称为差别寡头(例如汽车、香烟、造船行业的寡头)。

寡头市场并不存在自然的或法律的进入限制,但存在规模经济和范围经济所引起的进入限制。从理论上说,任何企业都可以进入寡头市场,但实际上由于寡头市场中每个厂商的产量都十分大,这就决定了只要几家厂商存在,他们的产量就可以满足市场的需求。此外,在开始建厂时所需投资的巨大,也使其他厂商很难进入这一行业,与这一行业中已有的几家大厂商进行竞争。何况已有的几家寡头也要运用各种方法阻止其他厂商的进入。所以,寡头行业的进入限制实际非常大,一旦已有几家企业占领该行业,其他企业就很难进入。

寡头市场一个重要特征是几家企业之间的相互关联性。在完全竞争和垄断竞争市场上,企业数量很多,但相互之间在决策上没有依赖性,一家企业的决策对其他企业没有直接影响,也不受其他企业决策的影响,它们之间的关系就如同放在一个袋子里的马铃薯那样。垄断市场上只有一家企业,也不存在与其他企业的关系问题,但在寡头市场上,企业很少,每家企业的决策对整个市场都有不可忽视的影响,对其他企业的决策也有重要的影响。任何一家企业的销售都取决于自己的价格和其他企业收取的价格,例如,在一个寡头市场上有三家企业,如果一家要降低自己的价格而其他两家并不降低,那么,这家销售量就会大大增加,而其他两家的销售量会大为减少。在这种情况下,其他两家企业也不得不降价。如果其他两家降价了,那么,这家企业的价格和利润都要减少。所以，每家企业在决定降低价格之前，都要预测其他企业会做出什么反应，并估算这种反应对自己利润的影响。正因为寡头企业之间的这种相关性，就使寡头市场的价格与产量决定相当复杂，具有不同于其他市场的特点。

寡头市场的特征：寡头市场是少数几家大企业联合起来控制市场上某一产品生产和销售的绝大部分，其特征是：行业中只有少数几家大厂商，它们的供给量均占有市场的较大份额；厂商的决策互相影响，因而任何一家厂商在做出决策时都必须考虑竞争对手对其做出的反应；厂商的竞争手段是多种多样的，但市场价格相对稳定。具有代表性的寡头垄断企业是汽车工业。寡头企业在决策时不知道竞争对手会做出什么样的反应是其决策最大的困难。

经济学家们曾提出了各种解释寡头市场上价格与产量决定的模型或理论，但是，没有一种理论能解释我们在这种市场上所观察到的各种不同类型的行为。寡头模型有两类，一种是传统模型，一种是现代的博弈论模型。

1. 古诺模型：古诺模型的结论是双寡头竞争的最终结果是每个厂商生产市场容量的三分之一，市场价格为三分之一，这一产量与价格被称为古诺双寡头模型的均衡。对这一模型的推广：在行业中寡头厂商数量为m的情况下，每个厂商的均衡产量等于市场总容量。

2. 折弯的需求曲线模型：假定某寡头企业提高价格，其竞争者置之不理，此时，提价企业的需求量因为提价而大幅度下降。运用弹性原理，市场需求富有弹性，其需求曲线比较平坦；某企业降低价格，其竞争者为了自己的利润而被迫跟随降价，降价企业的需求量扩大非常有限，需求缺乏弹性。此时，需求曲线比较陡峭。

3.卡特尔模型：是指厂商明确签订有关市场活动的合作组织。由于有明确的约定，卡特尔组织往往以一个垄断者的身份出现，按边际收益对于边际成本的利润最大化原则确定产量，并在需求曲线上索要价格，然后按照协议在各个成员之间分配产量配额。

寡头市场的经济效率一般而言，在寡头垄断市场上，市场价格高于边际成本，同时价格高于最低平均成本。因此，寡头垄断企业在生产量和技术使用方面应该是缺乏效率的，从程度上来看，由于寡头市场存在竞争，有时竞争还比较激烈，因而其效率比垄断市场要高，但从另一方面看，寡头市场上往往存在着产品差异从而满足消费者的不同偏好。此外，由于寡头企业规模较大，便于大量使用先进的生产技术，而激烈的竞争又使厂商加速产品的技术革新。因此，又有其效率较高一面，在许多国家，人们试图通过限制寡头厂商低效率的方面进一步鼓励寡头市场的竞争。

12. 卡特尔——垄断市场的少数者

卡特尔是资本主义垄断组织的一种重要形式，是一种非法的经济组织。

卡特尔为法语 cartel 的音译，原意为协定或同盟。卡特尔是由一系列生产类似产品的独立企业所构成的组织，集体行动的生产者，目的是提高该类产品价格和控制其产量。根据美国反托拉斯法，卡特尔属于非法。

卡特尔是指生产同类商品的企业为了垄断市场，获取高额利润而达成有关划分销售市场、规定产品产量、确定商品价格等方面的协议所形成的垄断性企业联合，它是资本主义垄断组织的一种重要形式，1865年最早产生于德国，第一次世界大战后在各资本主义国家迅速发展，随着垄断资本的国际化产生了国际卡特尔。按协议内容卡特尔可以分成规定销售条件的卡特尔、规定销售价格的卡特尔、规定产品产量的卡特尔、规定利润分配的卡特尔、规定原料产地分配的卡特尔等。生产同类商品的企业作为卡特尔成员，各自在法律上保持其法人资格，独立进行生产经营，但必须遵守协议所规定的内容。卡特尔成立时，一般签订书面协议，有的采取口头协议形式。成员企业共同选出卡特尔委员会，其职责是监督协议的执行，保管和使用卡特尔基金等。由于成员企业之间的经济实力对比会因经济发展而变化，卡特尔的垄断联合缺乏稳定性和持久性，经常需要重新签订协议，甚至会因成员企业在争取销售市场和扩大产销限额的竞争中违反协议而瓦解。

卡特尔是一种正式的串谋行为，它能使一个竞争性市场变成一个垄断市场，属于寡头市场的一个特例。卡特尔以扩大整体利益作为它的主要目标，为了达到这一目的，在卡特尔内部将订立一系列的协议，来确定整个卡特尔的产量、产品价格，指定各企业的销售额及销售区域等。

卡特尔常常是国际性的，例如"欧佩克·卡特尔"就是产油国政府间的一个国际协定，它在十多年间成功地将世界石油价格提高到远远高于本来会有的水平。其他成功地提高了价格的国际卡特尔还有：在20

世纪 70 年代中期，国际铝矾土联合会将铝矾土价格提高到 4 倍，而一个秘密的国际铀卡特尔提高了铀的价格；一个被称为水银欧洲的卡特尔将水银价格保持在接近于垄断水平，而另一个国际卡特尔一直都垄断着碘市场。可是，大多数卡特尔都没能提高价格。

卡特尔类型主要有价格卡特尔、数量卡特尔、销售条件卡特尔、技术卡特尔和辛迪加。

1. **价格卡特尔**。这是最常见和最基本的卡特尔形式。卡特尔维持某一特定价格：垄断高价、在不景气时稳定价格或者降价以排挤非卡特尔企业。

2. **数量卡特尔**。卡特尔对生产量和销售量进行控制，以降低市场供给，最终使价格上升。

3. **销售条件卡特尔**。对销售条件如回扣、支付条件、售后服务等在协定中进行规定的卡特尔。

4. **技术卡特尔**。典型形式是专利联营，即成员企业相互提供专利、相互自由使用专利，但不允许非成员企业使用这些专利的卡特尔。

5. **辛迪加**。一种特殊的统一销售卡特尔，指成员企业共同出资设立销售公司，实行统一销售，或者卡特尔将所有成员企业的产品都买下，然后统一销售。比如德贝尔钻石卡特尔。

要在某个市场上形成卡特尔，至少需要以下三个条件：

1. 卡特尔必须具有提高行业价格的能力。只有在预计卡特尔会提高价格并将其维持在高水平的情况下，企业才会有加入的积极性。这种能力的大小，与卡特尔面临的需求价格弹性有关，弹性越小，卡特尔提价的能力越强。

2. 卡特尔成员被政府惩罚的预期较低。只有当成员预期不会被政府抓住并遭到严厉惩罚时，卡特尔才会形成，因为巨额预期罚金将使得卡特尔的预期价值下降。

3. 设定和执行卡特尔协定的组织成本必须较低。使组织成本保持在低水平的因素有：涉及的厂商数目较少，行业高度集中，所有的厂商生产几乎完全相同的产品，行业协会的存在。

卡特尔具有不稳定性，主要有三个因素导致卡特尔具有天然的不稳定性：

1. 潜在进入者的威胁：一旦卡特尔把价格维持在较高水平，那么就会吸引新企业进入这个市场，而新企业进入后，可以通过降价扩大市场份额，此时卡特尔要想继续维持原来的高价就很不容易了。

2. 卡特尔内部成员所具有的欺骗动机：这是一个典型的"囚徒困境"，如果给定其他企业的生产数量和价格都不变，那么一个成员企业偷偷地增加产量将会获得额外的巨大好处，这会激励成员企业偷偷增加产量，如果每个成员企业都偷偷增加产量，显然市场总供给大量增加，市场价格必然下降，卡特尔限产提价的努力将瓦解。如果卡特尔不能有效解决这个问题，最终将导致卡特尔的解体。事实上，经济学家研究得出，世界上卡特尔的平均存续期间约为6.6年，最短的两年就瓦解了。

3. 随着各国政府反垄断法的实施，卡特尔也可能因为违反了政府法律而被迫解体，也正因为如此，许多卡特尔都是国际性卡特尔，以规避国内的反垄断法。

第三章
一流的企业，也要有一流的管理
——企业效益靠什么步步高升

企业的良好效益是每个管理者所关注的，想要创造良好的效益，管理者应该掌握一些经济学常识。

1.
一件商品的成本是多少

> 生产成本是生产单位为生产产品或提供劳务而发生的各项生产费用,包括各项直接支出和制造费用。

生产成本亦称制造成本,是指生产活动的成本,即企业为生产产品而发生的成本。生产成本是生产过程中各种资源利用情况的货币表示,是衡量企业技术和管理水平的重要指标。

生产成本是生产单位为生产产品或提供劳务而发生的各项生产费用,包括各项直接支出和制造费用。直接支出包括直接材料(原材料、辅助材料、备品备件、燃料及动力等)、直接工资(生产人员的工资、补贴)、其他直接支出(如福利费);制造费用是指企业内的分厂、车间为组织和管理生产所发生的各项费用,包括分厂、车间管理人员工资、折旧费、维修费、修理费及其他制造费用(办公费、差旅费、劳保费等)。

为了核算生产成本,可设置生产成本账户进行核算,并可以分设基本生产成本和辅助生产成本账户核算。制造费用在未计入各产品成本计算对象之前,应先在制造费用账户中进行归集核算,然后再按一定标准分配计入各产品成本之中。

本期发生的生产成本加上期初在产品成本,减去期末的产品成本,便能计算出本期完工产品成本。

在市场经济条件下，产品成本是衡量生产消耗的补偿尺度，企业必须以产品销售收入抵补产品生产过程中的各项支出，才能确定盈利，因此在企业成本管理中生产成本的控制是一项极其重要的工作。生产成本法是目前世界各国普遍采用的一种成本计算方法，用生产成本法计算成本时，只将生产经营过程中发生的直接材料费用、直接人工费用和制造费用计入产品成本，而管理费用、财务费用和销售费用不计入产品成本，则是作为当期费用直接计入当期损益。

生产成本是工业企业为生产一定种类、一定数量的产品所发生的直接费用、直接人工和间接制造费用的总和。企业原材料消耗水平，设备利用好坏，劳动生产率的高低，产品技术水平是否先进等，都会通过生产成本反映出来。换言之，生产成本的控制能反映企业生产经营工作的效果。

生产成本由直接材料、直接人工和制造费用三部分组成。直接材料是指在生产过程中的劳动对象，通过加工使之成为半成品或成品，它们的使用价值随之变成了另一种使用价值；直接人工是指生产过程中所耗费的人力资源，可用工资额和福利费等计算；制造费用则是指生产过程中使用的厂房、机器、车辆及设备等设施及机物料和辅料，它们的耗用一部分是通过折旧方式计入成本，另一部分是通过维修、定额费用、机物料耗用和辅料耗用等方式计入成本。

根据供给规律，当一种物品价格高时，企业愿意生产并销售更多的这种物品，而且，这种反应引起了向右上方倾斜的供给曲线。在分析这类问题时，供给规律是你了解企业行为所需要的一切。

作为研究产业组织的出发点，这里考察生产成本。所有企业，从巨大航空公司到社区小小的熟食店，当它们生产它们所销售的物品与劳务时都会引起成本。正如我们将在以后各章中说明的，企业成本是其生产和定价决策的关键决定因素,但是,确定什么是企业的成本并不像看起来那么简单。

我们用开一家糕点厂来讨论成本。这家工厂的所有者需要购买面粉、糖、香料和其他糕点材料,他还要购买和面机和烤箱,而且还要雇佣操作这种设备的工人,然后他把生产出来的糕点卖给消费者。通过考察糕点厂老板在其经营中面临的一些问题,我们就可以得到一些适用于经济中所有企业的结论,而这与它们所面临的市场条件无关。

总收益、总成本和利润:我们从企业的目标开始。为了了解企业做出什么决策,我们必须了解它们想做什么。可以想象,老板开办企业是出于为消费者提供糕点的利他主义愿望,或者,也许是出于他对糕点事业的热爱。但是,更加可能的是,糕点厂老板开办这家工厂是为了赚钱。经济学家通常假设企业的目标是利润最大化,而且,他们发现,这个假设在大多数情况下能很好地发挥作用。

什么是企业的利润?企业从销售其产品(糕点)中得到的货币量称为总收益。企业为购买投入(面粉、糖、工人、烤箱等)所支付的货币量称为总成本。老板能够保留他不必用于弥补成本的任何收入。我们把利润定义为企业总收益减其总成本。这就是:

利润 = 总收益 − 总成本

糕点厂老板的目标是使企业的利润尽量多。为了说明企业如何实现利润最大化,我们必须全面考虑如何衡量总收益和总成本。总收益是简单的:它等于企业生产的产量乘以它出卖这些产量时的价格。如果糕点厂生产了1万块糕点,并以1块2元的价格出售,那么,总收益是2万元。与此相比,企业总成本的衡量没有那么明显。

2. 选择最优解决方案

> 在投资决策中，放弃次优方案而损失的"潜在利益"，是选取最优方案的机会成本。机会成本小的具有比较优势。

商务印书馆《英汉证券投资词典》解释：机会成本英语为：opportunity cost。进行一项投资时不得不放弃另一些投资，这些投资的最大获利就是该项投资的机会成本。选择投资和放弃投资之间的收益差是可能获取收益的成本，如投资者仅有一份资金，投资股票时必须放弃国债与基金。假如国债投资收益为1万元，基金投资收益为2万元，而股票投资收益为3万元，则股票投资的机会成本是2万元，国债投资的机会成本为3万元，基金投资的机会成本也是3万元。

更加简单地讲，就是指你为了从事某件事情而放弃其他事情的价值。作为机会成本的成本：当我们衡量糕点厂或任何一个其他企业的成本时，重要的是要记住某种东西的成本是你为了得到它所放弃的东西。你还记得，一种东西的机会成本是指为了得到那种东西所必须放弃的所有东西。当经济学家讲企业生产成本的时候，他们包括生产物品与劳务量的所有机会成本。

企业生产的机会成本有时是明显的，有时并不那么明显。还是拿前一节那家糕点厂为例，当老板为买面粉花了1000元时，这1000元是一种机会成本，因为他不能再用这 1000 元去买其他东西。同样，当老板雇佣生产糕点的工人时，他付的工资也是企业成本的一部分，这些成本是显性的。与此相比，企业的一些机会成本是隐性的。设想老板精通电脑，作为程序员工作每小时可以赚 100 元。老板在他糕点厂工作每一个小时，他就要放弃 100 元收入，而且，这种放弃的收入也是他的成本的一部分。

显性与隐性成本之间的区别说明了经济学家与会计师分析经营活动之间的重要不同。经济学家关心研究企业如何做出生产和定价决策，因此，当他们在衡量成本时就包括了所有机会成本。与此相比，会计师的工作是记录流入和流出企业的货币，结果，他们衡量显性成本，但忽略了隐性成本。

用糕点厂的情况很容易说明经济学家和会计师之间的差别。当老板放弃了作为电脑程序员可以赚钱的机会时，他的会计师并没有把这一点作为他糕点经营的成本，因为企业并没有为支付这种成本而花钱，它绝不会出现在会计师的财务报表上。但是，一个经济学家将把放弃的收入作为成本，因为它会影响老板在其糕点业务中做出的决策。例如，如果老板作为电脑程序员的工资从每小时 100 元增加到 500 元，他就会确定，经营糕点事业成本太高了，并选择关掉工厂，以便成为一个全职的电脑程序员。

作为一种机会成本的资本成本：几乎每一个企业的重要隐性成本都是已经投资于企业的金融资本的机会成本。例如，假定这家糕点厂的老板用他储蓄的 30 万元从前一个所有者那里买下了他的糕点厂，如果他把这笔钱存入支付 5% 利率的储蓄账户，每年将赚到 1.5 万元，因此，为了拥有自己的糕点厂，这个老板放弃了一年 1.5 万元的利息收入，这

1.5万元就是办企业的机会成本之一。

正如我们已经注意到的，经济学家和会计师以不同的方法来看待成本，在他们处理资本成本上这一点特别明显。一个经济学家把糕点厂老板放弃的每年1.5万元的利息收入作为他企业的一种成本，尽管这是一种隐性成本。但是，他的会计师并不把这1.5万元作为成本表示，因为并没有货币流出企业去进行支付。

为了进一步揭示经济学家和会计师之间的差别，我们略微改换一下例子。假设现在糕点厂老板并没有买工厂的30万元，而是用自己储蓄的10万元，并以5%的利率从银行借了20万元。他的会计师只衡量显性成本，将把每年为银行贷款支付的1万元利息作为成本，因为这是从企业流出的货币量。与此相比，根据经济学家的看法，拥有企业的机会成本仍然是1.5万元。机会成本等于支付银行贷款的利息（显性成本1万元）加放弃的储蓄利息（隐性成本5000元）。

机会成本在经济学上是一种非常特别的既虚又实的一种成本。它是指1笔投资在专注于某一方面后所失去的在另外其他方面的投资获利机会。

萨缪尔森在其《经济学》中曾用热狗公司的事例来说明机会成本的概念。热狗公司所有者每周投入60小时，但不领取工资，到年末结算时公司获得了22000美元的可观利润。如果这些所有者能够找到另外其他收入更高的工作，使他们所获年收入达45000美元，那么这些人所从事的热狗工作就会产生一种机会成本，它表明因他们从事了热狗工作而不得不失去其他获利更大的机会。对于此事，经济学家这样理解：如果用他们的实际盈利22000美元减去他们失去的45000美元的机会收益，那他们实际上是亏损的，亏损额是45000-22000＝23000美元，虽然实际上他们是盈利了。

那么，如何理解上述这种现象呢？

我们设想他们（以自己的劳动）投入热狗工作P所得的收益仍然是22000美元，而（以相同的劳动）投入某种工作Q所得的收益也是45000美元。按照人们所理解的机会成本概念，他们投入工作P的机会成本是工作Q的收益即45000美元，同样，投入工作Q的机会成本是工作P的收益即22000美元。工作P、Q之收益互为对方的机会成本。

实际上，由于任何一个单位的投资（无论是劳动投资还是资金投资）都具有专注性，因此不能设想投资获得二注收入（所谓"二注"即是指同时分为2个或多个方面的注入，如1个单位投资额分为2个注入方面，这是不可能的。1个单位的投资额只能在同一时间专注于某个行业的某一点上，这即是"投资专注性"）。通俗地说，1笔投资不能同时被假设为获得2笔（或2笔以上）投资的收益。所以在计算机会成本时我们不能用1笔投资的二注收入来叠加，也不能用它的二注成本耗费来叠加。比如我们不能算他们在从事热狗工作的过程中又再想同时获得工作Q的收益，以致如果不能获得这个收益，就认为产生了机会成本。如果他们真能获得这样的二注收益，那么他们应该获得22000＋45000美元的二注收入，而不单止22000或45000美元。

但以上人们通常所认为的"工作P、Q之收益互为对方的机会成本"似乎具有这种投资与收益的二注性，因为它想在获得当前的工作P之收益的同时，又想要获得工作Q的收益，当不能获得工作Q的收益时，就被认为是亏损的。特别是当已经获得较高收益的同时还想得到较低收益的情况。比如当从事工作Q已经获得比工作P更多的收益时，还想到失去了工作P的更少收益，这样的话，所理解的机会成本就不对了。

实际上机会成本应该是这样：工作P对于工作Q来说具有机会成本，

但工作 Q 对于工作 P 来说就已经没有机会成本了，因为工作 P 的收益比工作 Q 小。因此，所谓机会成本实际上只是"相对机会成本"而没有绝对机会成本。当一个人正在从事的工作收益比较低时，相对于他所能从事的更高收益的工作来说，就产生了机会成本。比如一个人能够做经理和教师，而经理工作的收入显然要比教师的收入大，因此当你从事教师工作时，相对于经理工作来说你就存在着一个机会成本的问题，但是我们不能反过来，说从事经理工作会使你失去教师工作的更低收入，从而产生一个机会成本。收入大的工作相对于收入小的工作来说，是没有机会成本的，因为你已经找到了一个更好的机会使你获得更好的收入。在此所谓"机会"实际上就是寻求更大利益的机会，既然获得了更大利益，那么因失去机会所导致的利益丧失也就相对没有了。

由于从事工作 P 比从事工作 Q 所获得的收入较小而产生了机会成本，其机会成本量是工作 Q 的收入减去工作 P 的收入，即 45000–22000 = 23000 美元，他们因此亏损了 23000 美元。如果他们的工作 P 的收入渐渐提高，从 22000 达到 40000，则他们所失去的机会成本只是 45000–40000 = 5000 美元；如果他们的工作 P 的收入再提高到与工作 Q 相等的 45000，则他们的工作 P 与工作 Q 对比就只有等于零的机会成本了，即 45000–45000 = 0；如果工作 P 的收入再提高到比如 50000，则他们从事工作 P 的机会成本相对于工作 Q 来说就是 45000–50000 = -5000 美元，机会成本为负数。机会成本为负数表明什么呢？表明他们工作 P 相对于工作 Q 来说已经非但没有机会成本，而是还大大"抵值"呢！由于成本作为一种代价耗费总是趋向于最小化的，因此从事一项工作，它的机会成本越小越好，它的最小值自然要包括 0 值以下的负数。

3.
减少那些不可回收的支出

> 固定资产、研究开发、专用性资产等都是容易沉没的，分工和专业化也往往与一定的沉没成本相对应。

沉没成本是指由于过去的决策已经发生了的，而不能由现在或将来的任何决策改变的成本。人们在决定是否去做一件事情的时候，不仅是看这件事对自己有没有好处，而且也看过去是不是已经在这件事情上有过投入。我们把这些已经发生不可收回的支出，如时间、金钱、精力等称为"沉没成本"（Sunk Cost）。

在经济学和商业决策制定过程中会用到"沉没成本"（Sunk cost）的概念，代指已经付出且不可收回的成本。沉没成本常用来和可变成本做比较，可变成本可以被改变，而沉没成本则不能被改变。在微观经济学理论中，做决策时仅需要考虑可变成本。如果同时考虑到沉没成本（这被微观经济学理论认为是错误的），那结论就不是纯粹基于事物的价值做出的。

举例来说，如果你预订了一张电影票，已经付了票款且假设不能退票，此时你付的价钱已经不能收回，就算你不看电影钱也收不回来，电影票的价钱算作你的沉没成本。

当然，有时候沉没成本只是价格的一部分。比方说某企业中途弃用的机器设备，如果进行出售，那么，机器设备的原价与出售价格之间的差价就是沉没成本。在这种情况下，沉没成本随时间而改变，也就是说这个机器设备使用时间越长，一般来说卖出价会越低（折旧）。

大多数经济学家们认为，如果你是理性的，那就不该在做决策时考虑沉没成本。比如在前面提到的看电影的例子中，会有两种可能结果：

付钱后发觉电影不好看，但忍受着看完；

付钱后发觉电影不好看，退场去做别的事情。

两种情况下你都已经付钱，所以应该不考虑这件事情。如果你后悔买票了，那么你当前的决定应该是基于你是否想继续看这部电影，而不是你为这部电影付了多少钱。此时的决定不应该考虑到买票的事，而应该以看免费电影的心态来做判断。经济学家们往往建议选择后者，这样你只是花了点儿冤枉钱，而选择前者你还要继续受冤枉罪。

沉没成本的产生原因主要有策划或决策失误；前期调研、评估、论证工作准备不足，造成中途出问题而无法进行下去；有良好的策划、计划，但执行中偏离轨道，造成事与愿违；执行中发现存在问题，但没有及时调整策略、方案而是一意孤行；危机处理能力不足或措施不当，使事态扩大及蔓延。

从成本的可追溯性来说，沉没成本可以是直接成本，也可能是间接成本。如果沉没成本可追溯到个别产品或部门，则属于直接成本；如果由几个产品或部门共同引起，则属于间接成本。从成本的形态看，沉没成本可以是固定成本，也可能是变动成本。企业在撤销某个部门或是停止某种产品生产时，沉没成本中通常既包括机器设备等固定成本，也包括原材料、零部件等变动成本。通常情况下，固定成本比变动成本更容易沉没。

从数量角度看，沉没成本可以是整体成本，也可以是部分成本。如上面我们所说的弃用的机器设备,如果能变卖出售获得部分价值,那么其账面价值不会全部沉没,只有变现价值低于账面价值的部分才是沉没成本。

一般说来,资产的流动性、通用性、兼容性越强,其沉没的部分就越少。"现金为王"的观念也可以从这个角度去理解。固定资产、研究开发、专用性资产等都是容易沉没的,分工和专业化也往往与一定的沉没成本相对应。此外,资产的沉没性也具有时间性,会随着时间的推移而不断转化。以具有一定通用性的固定资产为例,在尚未使用或折旧期限之后弃用,可能只有很少一部分会成为沉没成本,而中途弃用沉没的程度则会较高。

我们对沉没成本认识往往具有盲点,仅仅认识了沉没成本尚不足够。事实上,这当中仍有认识上的盲点:

必须建立决策成本的观念有这样一些例子:一些审慎的决策者因为将一些不相关的成本纳入决策成本考虑而错失了本来可行的项目,另一些冒进的决策者则因为将相关成本错误排除在决策成本之外而对项目做出盲目乐观的估计,可见,在行动和决策时,建立决策成本的观念十分重要。

衡量投资项目成本,只能包含因进行或选择该行动方案而发生的相关成本。相关成本指与特定决策、行动有关的,在分析评价时必须加以考虑的成本,包括差额成本、未来成本、重置成本、机会成本等。非相关成本则指在决策之前就已发生或不管采取什么方案都要发生的成本,它与特定决策无关,因而在分析评价和最优决策过程中不应纳入决策成本的范畴,如过去成本、账面成本等。

从决策的相关性看,沉没成本是决策非相关成本,若决策时计入沉没成本，将使项目成本高估，从而得到错误的结论。考虑已投入资源的机会成本、沉没成本是决策非相关成本，但与其相伴随的机会成本却是决策相关成本，需要在决策时予以考虑。机会成本不是通常意义上的成本，它不是一种支出或费用，而是选定某方案可能损失的收入或收益。

当然，决策中某一既定行动的机会成本有时是很难衡量的，成本估计可能是高度主观和随意的。此外，有关评价应当考虑资金的时间价值，以贴现指标为依据，这些都应引起决策者的注意。

正确区分决策成本与会计成本，一般说来，沉没成本是就决策或经济评估而言。从会计成本核算角度看，其实并不存在什么沉没成本。例如一个已发生了咨询费和开办费的投资项目，当环境发生某种变化需要重新决策时，这些费用作为沉没成本不应当纳入决策成本范围考虑。但在具体会计核算时，则应视决策结果的不同而进行相应的处理：如果最后决定放弃该项目，这些费用应当计入当期投资损益；如果项目继续，则根据会计准则在该项目的受益期内进行成本分摊。可见，为财务报告目的而获得的某项经济活动的成本对于决策目的来说，并不总是恰当的。

4.
得到的越多就越难满足吗

> 边际效用是指在一定时间内消费者增加一个单位商品或服务所带来的新增效用,也就是总效用的增量。

效用价值论在17~18世纪上半期资产阶级经济学著作中已有明确表述。英国经济学家N.巴本曾用物品的效用来说明物品的价值。意大利经济学家F.加利亚尼明确指出,价值是物品同人的需求的比率,价值取决于交换当事人对商品效用的估价,或者说,由效用和物品的稀少性决定。18世纪下半期和19世纪初,劳动价值理论得到发展,效用价值论处于踏步不前的状况。19世纪30年代以后,边际效用价值论逐渐发展。英国经济学家W.F.劳埃德在1833年提出,商品价值只表示人对商品的心理享受,取决于人的欲望和人对物品的估价,人的欲望和估价会随物品数量的变动而变动,并在被满足和不被满足的欲望之间的边际上表现出来,从而实际上区分了总效用和边际效用。

同时期,爱尔兰经济学家M.朗菲尔德也认为,物品市场价格总是由能够引起实际购买的最低程度需求强度来调节的。1854年德国经济学家H.H.戈森提出人类满足需求的三条定理:①欲望或效用递减定理,即随着物品占有量的增加,人的欲望或物品的效用递减。②边际效用相等定理,即在物品有限条件下,为使人的欲望得到最大限度的满足,务必将这些物品在各种欲望间做适当分配，使人的各种欲望被满足的程度相等。③在原有欲望已被满足的条件下，要取得更多享乐量，只有发现新享乐或扩充旧享乐。这三条定理后来被称为戈森定理。19世纪70年代，英国经济学家W.S.杰文斯、奥地利经济学家C.门格尔和法国经济学家瓦尔拉斯各自独立提出比较完整的边际效用价值论，成为边际效用价值论的创始人。19世纪八九十年代，边际效用价值论发展为两个支流，一支是以奥地利的门格尔及其学生维塞尔和巴维克为代表的心理学派，另一支为瓦尔拉斯及其继承者帕累托为代表的数理学派。在帕累托等人用无差异曲线分析效用后，边际效用价值论又分为基数效用论和序数效用论。

在经济学中，效用是指商品满足人的欲望的能力，或者说，效用是指消费者在消费商品时所感受到的满足程度。在对这种"满足程度"的度量上，分出了基数效用和序数效用两大派别。基数效用论者采用边际效用分析方法，序数效用论者采用无差异曲线的分析方法。

基数效用论者将效用分为总效用和边际效用。总效用是指消费者在一定时间内从一定数量的商品的消费所得到的效用量的总和；边际效用是指消费者在一定时间内增加一单位商品的消费所得到的效用量的增量。

考虑到个人收入始终是有限的，边际效用最普遍的应用是来决定你的最佳消费数量。个人所需求的商品品种是很多的，那你的最佳消费点就是：每种商品的最后一个单位给你带来的效用都相等。具体的数学证明可以通过用效用函数和预算约束构建拉格朗日方程来解决。

比如，某旅游胜地风景优美，如果你第一次前往游玩，会被此地的美景吸引，流连忘返。但是不管多么优美的地方，去的次数多了，也就枯燥乏味了。这就是所谓的边际效用递减规律，其实纯粹是个人主观上的感觉而已。

经济上的意义就在于消费者效用最大化。

如果不考虑你的预算（假设你很有钱），那你消费每种商品就应该到你觉得可用可不用的数量，你的总体效用就是最大了。生活中，边际效用以数值来表示，就是100+90+80+……+0。

另外要格外注意：效用是没有可比性的，因人而异。有可能我的主观的评分标准满分是1，而你的则是100。怎么比？千万别看绝对数。

根据边际效用价值论，价值是一种主观心理现象，起源于效用，又以物品稀缺性为条件。人对物品的欲望会随欲望的不断满足而递减。如果物品数量无限，欲望可以得到完全的满足，欲望强度就会递减到零，但数量无限的物品只限于空气、阳光等少数几种，其他绝大部分物品的数量是有限的。在供给有限条件下，人们不得不在欲望达到饱和以前某一点放弃他的满足。为取得最大限度满足，应把数量有限的物品在各种欲望间做适当分配，使各种欲望被满足的程度相等，这样，各种欲望都要在达到完全满足之前某一点停止下来。这个停止点上的欲望必然是一系列递减的欲望中最后被满足的最不重要的欲望，处于被满足与不被满足的边沿上，这就是边际欲望。物品满足边际欲望的能力就是物品的边际效用。由于这个边际效用最能显示物品价值量的变动，即随物品数量增减而发生相反方向的价值变动，所以，边际效用可以作为价值尺度。边际效用一词，由维塞尔首创，用来概括满足人的最后的也即最小的欲望的那一单位的商品的效用，后被沿用下来。

5.
生产越多就越挣钱吗

一般而言，随着产量的增加，总成本递减的增加，从而边际成本下降。边际成本用以判断增减产量在经济上是否合算。

"边际"这个词可以理解为"增加"的意思，"边际量"也就是"增量"的意思。说得确切一些，自变量增加一单位，因变量所增加的量就是边际量。比如说，生产要素（自变量）增加一单位，产量（因变量）增加了2个单位，这因变量增加的两个单位就是边际产量。或者更具体一些，某电动车企业增加一批设备，每天可以多生产1000辆电动车，那么这1000辆电动车就是边际量。边际分析法就是分析自变量变动一单位，因变量会变动多少。

我们可以用最后一辆电动车的售价这个例子来说明边际分析法的用处。当我们考虑是否再多生产一辆时，实际上我们应该考虑的是边际成本和边际收益这两个概念。边际成本是增加一辆电动车（自变量）所增加的成本（因变量）。在我们这个例子中，增加一辆电动车的生产，机器购买费用、机器磨损费等费用无须增加的情况下，那么所消耗的原料费、员工工资等费用就是边际成本，而边际收益则是销售一辆电动车（自变量）所增加的收入（因变量）。

在根据边际分析法做出决策时就是要对比边际成本与边际收益。如果边际收益大于边际成本，即生产一辆电动车所增加的收入大于所增加的成本，加大生产量就是合适的，这是理性决策；如果边际收益小于边际成本，生产一辆电动车就要亏损，是非理性决策。从理论上说，产量可以增加到边际收益与边际成本相等时为止。

边际分析法在经济学中运用极广，所以，边际这个概念和边际分析法的提出被认为是经济学方法的一次革命。在经济学中，边际分析法的提出不仅为我们做出决策提供了一个有用的工具，而且还使经济学能运用数学工具。

边际成本是指厂商在短期内增加一单位产量所引起的总成本的增加。通常只按变动成本计算。一般而言，随着产量的增加，总成本递减的增加，从而边际成本下降，也就是说的是规模效应。边际成本用以判断增减产量在经济上是否合算。它是在管理会计和经营决策中常用的名词。例如，生产某种产品100个单位时，总成本为5000元，单位产品成本为50元。若生产101个时，其总成本5040元，则所增加一个产品的成本为40元，即边际成本为40元。当实际产量未达到一定限度时，边际成本随产量的扩大而递减；当产量超过一定限度时，边际成本随产量的扩大而递增，因为，当产量超过一定限度时，总固定成本就会递增。由此可见，影响边际成本的重要因素就是产量超过一定限度（生产能力）后的不断扩大所导致的总固定费用的阶段性增加。

当增加一个单位产量所增加的收入（单位产量售价）高于边际成本时，是合算的；反之，就是不合算的。所以，任何增加一个单位产量的收入不能低于边际成本，否则必然会出现亏损。只要增加一个产量的收入能高于边际成本，即使低于总的平均单位成本，也会增加利润或减少亏损，因此计算边际成本对制订产品决策具有重要的作用。微观经济学理论认为，当产量增至边际成本等于边际收入时，为企业获得其最大利润的产量。

6.
管理好企业的最佳途径

在科学技术高度发达、产品日新月异、市场瞬息万变的现代社会中，企业管理就显得更加重要。

企业管理是指对企业的管理，工商管理通常也指工商企业的管理。企业管理（Business Management）是对企业的生产经营活动进行组织、计划、指挥、监督和调节等一系列职能的总称。

企业管理是社会化大生产发展的客观要求和必然产物，是由人们在从事交换过程中的共同劳动所引起的。在社会生产发展的一定阶段，一切规模较大的共同劳动，都或多或少地需要进行指挥，以协调个人的活动；通过对整个劳动过程的监督和调节，使单个劳动服从生产总体的要求，以保证整个劳动过程按人们预定的目的正常进行。尤其是在科学技术高度发达、产品日新月异、市场瞬息万变的现代社会中，企业管理就显得更加重要。

企业管理的发展大体经历了3个阶段：

1. 18 世纪末～19 世纪末的传统管理阶段。这一阶段出现了管理职能同体力劳动的分离，管理工作由资本家个人执行，其特点是一切凭个人经验办事。

2. 20世纪20～40年代的科学管理阶段。这一阶段出现了资本家同管理人员的分离，管理人员总结管理经验，使之系统化并加以发展，逐步形成了一套科学管理理论。

3. 20世纪50年代以后的现代管理阶段。这一阶段的特点是：从经济的定性概念发展为定量分析，采用数理决策方法，并在各项管理中广泛采用电子计算机进行控制。

企业管理的演变是指企业在发展过程中的管理方法和手段的变化必经的过程，通常演变由三个阶段构成，即经验管理阶段、科学管理阶段、文化管理阶段。

1. 经验管理阶段：企业规模比较小，员工在企业管理者的视野监视之内，所以企业管理靠人治就能够实现。所以在经验管理阶段，对员工的管理前提是经济人假设，认为人性本恶，天生懒惰，不喜欢承担责任，被动，所以有这种看法的管理者采用的激励方式是以外激为主，激励方式是胡萝卜加大棒，对员工的控制也是外部控制，主要是控制人的行为。

2. 科学管理阶段：企业规模比较大，靠人治则鞭长莫及，所以要把人治变为法治，但是对人性的认识还是以经济人假设为前提，靠规章制度来管理企业。其对员工的激励和控制还是外部的，通过惩罚与奖励来使员工努力工作，员工因为期望得到奖赏或害怕惩罚而工作，员工按企业的规章制度去行事，在管理者的指挥下行动，管理的内容是管理员工的行为。

3. 文化管理阶段：企业的边界模糊，管理的前提是社会人假设，认为人性本善，人是有感情的，喜欢接受挑战，愿意发挥主观能动性，积极向上。这时企业要建立相应的以人为本的文化，通过人本管理来实现企业的目标。文化管理阶段时并不是没有经验管理和科学管理，科学管理是实现文化管理的基础，经验仍然是必要的，文化如同软件，制度如同硬件，二者是互补的。只是由于到了知识经济时期，人更加重视实现个人价值的实现，所以，对人性的尊重显得尤为重要，因此企业管理要以人为本。

企业管理发展过程中影响较大的贡献者主要有：泰勒——科学管理之父、法约尔——经营管理之父、韦伯——组织管理之父、梅奥——人际关系理论之父。

企业管理可以划为几个分支：人力资源管理、财务管理、生产管理、采购管理、营销管理等。通常的公司会按照这些专门的业务分支设置职能部门。

在企业系统的管理上，又可分为企业战略、业务模式、业务流程、企业结构、企业制度、企业文化等系统的管理。美国管理界在借鉴日本企业经营经验的基础上，最后由麦肯锡咨询公司发展出了企业组织七要素，又称麦肯锡7S模型，七要素中，战略（Strategy）、制度（Systems）、结构（Structure）被看作"硬件"，风格（Style）、员工（Staff）、技能（Skills）、共同价值观（Shared Values）被看作"软件"，而以共同价值观为中心。何道谊将企业系统分为战略、模式、流程、标准、价值观、文化、结构、制度十大软系统和人、财、物、技术、信息五大硬系统。企业的管理除了对职能业务部门进行管理外，还需要对这些企业系统要素进行管理。

企业管理的模式主要有金字塔型管理模式、学习型组织管理模式、智慧型组织管理模式。

1. 金字塔型管理模式，由科学管理之父——弗雷德里克·温斯洛·泰罗创立。金字塔型组织是立体的三角锥体,等级森严,高层、中层、基层是逐层分级管理,这是一种在传统生产企业中最常见的组织形式。在计划经济时代,该结构在稳定的环境下,在生产力相对落后、信息相对闭塞的时代,不失为一种较好的组织形态,它机构简单、权责分明、组织稳定,并且决策迅速、命令统一。但在市场经济条件下,信息技术发达的今天,金字塔型的组织结构则由于缺乏组织弹性,缺乏民主意识,过于依赖高层决策,高层对外部环境的变化反应缓慢,而突显出刻板生硬、不懂得应变的机械弊端。

2. 学习型组织管理模式,在彼得圣吉五项修炼的基础上,通过大量的个人学习,尤其是团队学习,形成的一种能够认识环境、适应环境,进而能够能动地作用于环境的有效组织。也可以说是通过培养弥漫于整个组织的学习气氛,充分发挥员工的创造性思维能力而建立起来的一种有机的、高度柔性的、扁平的、符合人性的、能持续发展的组织。学习型组织为扁平化的圆锥型组织结构,金字塔式的棱角和等级没有了,管理者与被管理者的界限变得不再清晰,权力分层和等级差别的弱化,使个人或部门在一定程度上有了相对自由的空间,能有效地解决企业内部沟通的问题,因而学习型组织使企业面对市场的变化,不再是机械的和僵化的,而是"动"了起来。不过,随着全球经济一体化和社会分工的趋势化,扁平化组织也会遇到越来越多的问题,在不断的分析问题、解决问题的过程当中,学习型组织"学习"的本质对人的要求将越来越高。

3. 智慧型组织管理模式,也称为 C 管理模式。C 管理模式的理论价值:许多初读 C 管理模式的专家和学者则认为,C 管理模式立足道、儒、法的中国传统文化,将西方现代企业管理学与中国国学及中医智慧融于一体,其理论结合人的身体机能,提出了"天人合一"、"道法自然"的经营理念和管理哲学。C 管理模式的政治价值：2009 年以来，全球金融风暴持续蔓延，一大批欧美企业纷纷陷入破产倒闭的危机，与此同时，国内企业也愈加感受到全球性经济萧条带来的阵阵寒意。在此轮国际经济危机中，一些我们曾经耳熟能详、顶礼膜拜的全球知名企业，在一夜之间如巨人般轰然倒下，在剧烈的震撼中，国内众多专家、学者和企业界纷纷对西方现代企业管理模式进行了深刻的反思。C 管理模式研究的课题，将引发对资本主义完全的自由市场经济的反思，对现行企业管理模式的反思，并将重新聚焦世界对中国特色社会主义市场经济模式的更多思考，这正是 C 模式的价值所在。

7.
管好人是管理的"龙头"

> 人力资源管理在企业的管理中有很重要的地位，人力资源管理是企业生死存亡的生命线。

人力资源是在一定的时间和空间条件下，现实和潜在的劳动力的数量和质量的总和。人力资源管理是指根据企业发展战略的要求，有计划地对人力资源进行合理配置，通过对企业中员工的招聘、培训、使用、考核、激励、调整等一系列过程，调动员工的积极性，发挥员工的潜能，为企业创造价值，确保企业战略目标的实现，是企业的一系列人力资源政策以及相应的管理活动。这些活动主要包括企业人力资源战略的制定、员工的招募与选拔、培训与开发、绩效管理、薪酬管理、员工流动管理、员工关系管理、员工安全与健康管理等。即：企业运用现代管理方法，对人力资源的获取（选人）、开发（育人）、保持（留人）和利用（用人）等方面所进行的计划、组织、指挥、控制和协调等一系列活动，最终达到实现企业发展目标的一种管理行为。可以从两个方面来理解人力资源管理：

1. 对人力资源外在要素——量的管理。对人力资源进行量的管理，就是根据人力和物力及其变化，对人力进行恰当的培训、组织和协调，使二者经常保持最佳比例和有机地结合，使人和物都充分发挥出最佳效应。

2. 对人力资源内在要素——质的管理。主要是指采用现代化的科学方法，对人的思想、心理和行为进行有效地管理（包括对个体和群体的思想、心理和行为的协调、控制和管理），充分发挥人的主观能动性，以达到组织目标。

现代人力资源管理，深受经济竞争环境、技术发展环境和国家法律及政府政策的影响。它作为近20年来出现的一个崭新的和重要的管理学领域，远远超出了传统人事管理的范畴。具体说来，存在以下一些区别：

1. 传统人事管理的特点是以"事"为中心，只见"事"，不见"人"，只见某一方面，而不见人与事的整体、系统性，强调"事"的单一方面的静态的控制和管理，其管理的形式和目的是"控制人"；现代人力资源管理以"人"为核心，强调一种动态的、心理、意识的调节和开发，管理的根本出发点是"着眼于人"，其管理归结于人与事的系统优化，致使企业取得最佳的社会和经济效益。

2. 传统人事管理把人设为一种成本，将人当作一种"工具"，注重的是投入、使用和控制。而现代人力资源管理把人作为一种"资源"，注重产出和开发。是"工具",你可以随意控制它、使用它;是"资源",特别是把人作为一种资源,你就得小心保护它、引导它、开发它。难怪有学者提出:重视人的资源性的管理,并且认为21世纪的管理哲学是"只有真正解放了被管理者,才能最终解放管理者自己"。

3. 传统人事管理是某一职能部门单独使用的工具,似乎与其他职能部门的关系不大,但现代人力资源管理却与此截然不同。实施人力资源管理职能的各组织中的人事部门逐渐成为决策部门的重要伙伴,从而提高了人事部门在决策中的地位。人力资源管理涉及到企业的每一个管理者,现代的管理人员应该明确:他们既是部门的业务经理,也是这个部门的人力资源经理。人力资源管理部门的主要职责在于制订人力资源规划、开发政策,侧重于人的潜能开发和培训,同时培训其他职能经理或管理者,提高他们对人的管理水平和素质。所以说,企业的每一个管理者,不单完成企业的生产、销售目标,还要培养一支为实现企业组织目标能够打硬仗的员工队伍。

人力资源管理,是在经济学与人本思想指导下,通过招聘、甄选、培训、报酬等管理形式对组织内外相关人力资源进行有效运用,满足组织当前及未来发展的需要,保证组织目标实现与成员发展的最大化。就是预测组织人力资源需求并做出人力需求计划、招聘选择人员并进行有效组织、考核绩效、支付报酬并进行有效激励、结合组织与个人需要进行有效开发以便实现最优组织绩效的全过程。人力资源管理可大致分为:综合揭示论、过程揭示论、现象揭示论、目的揭示论和实效揭示论。现代企业人力资源管理,具有以下五种基本功能:

1. 获取。根据企业目标确定的所需员工条件,通过规划、招聘、考试、测评、选拔,获取企业所需人员。

2. 整合。通过企业文化、信息沟通、人际关系和谐、矛盾冲突的化解等有效整合，使企业内部的个体、群众的目标、行为、态度趋向企业的要求和理念，使之形成高度的合作与协调，发挥集体优势，提高企业的生产力和效益。

3. 保持。通过薪酬调整、考核、晋升等一系列管理活动，保持员工的积极性、主动性、创造性，维护劳动者的合法权益，保证员工在工作场所拥有安全、健康、舒适的工作环境，以增进员工满意度，使之心满意足地工作。

4. 评价。对员工工作成果、劳动态度、技能水平以及其他方面做出全面考核、鉴定和评价，为做出相应的奖惩、升降、去留等决策提供依据。

5. 发展。通过员工培训、工作丰富化、职业生涯规划与开发，促进员工知识、技巧和其他方面素质提高，使其劳动能力得到增强和发挥，最大限度地实现其个人价值和对企业的贡献率，达到员工个人和企业共同发展的目的。

8. 企业亏盈到底要看什么

规模经济或生产力规模的经济性,就是确定最佳生产规模的问题。

规模经济(Economics Of Scale)又称"规模利益"(Scale Merit),指在一定科技水平下生产能力的扩大,使长期平均成本下降的趋势,即长期费用曲线呈下降趋势。规模指的是生产的批量,具体有两种情况,一种是生产设备条件不变,即生产能力不变情况下的生产批量变化,另一种是生产设备条件即生产能力变化时的生产批量变化。规模经济概念中的规模指的是后者,即伴随着生产能力扩大而出现的生产批量的扩大,而经济则含有节省、效益、好处的意思。按照权威性的包括拉夫经济学辞典的解释,规模经济指的是:给定技术的条件下(指没有技术变化),对于某一产品(无论是单一产品还是复合产品),如果在某些产量范围内平均成本是下降或上升的话,我们就认为存在着规模经济(或不经济)。同边际效益一样,在某一区域里才满足规模经济性。具体表现为"长期平均成本曲线"向下倾斜,从这种意义上说,长期平均成本曲线便是规模曲线,长期平均成本曲线上的最低点就是"最小最佳规模"(Minimum Optimal Scale 简称 MOS)。上述定义具有普遍性,银行业规模经济便由此引申而来。

规模经济具有的特点主要有：长期费用曲线的下降不是无限的，曲线最低点称为最小最终规模；随技术进步和生产工艺水平的提高，最终规模不断变化；不同产业因其生产技术特性不同，工厂及企业规模经济的利用途径和形式亦有所不同。现代消费需求的多样化与个性化，并没有使规模经济因此而丧失。而是通过产品的系列化和高度完整的标准化，实行"多品种、少批量、大量生产体制"，使规模经济依然深刻地影响着企业的生产经营和发展。对规模经济的研究，是地区工业合理布局和对某一产业在大范围进行调整的重要依据。

规模经济或生产力规模的经济性，就是确定最佳生产规模的问题。人们根据生产力因素数量组合方式变化规律的要求，自觉地选择和控制生产规模，求得生产量的增加和成本的降低，从而取得的最佳经济效益。规模经济包括部门规模经济、城市规模经济和企业规模经济。在西方经济学里，规模经济主要用来研究企业经济，但作为生产力经济学的重要范畴，规模经济的含义则更为广泛，它包括从宏观到微观的能获得经济利益的各个层次的经济规模。

规模经济的主要类型主要有3种：

1. 规模内部经济。指一经济实体在规模变化时由自己内部所引起的收益增加。

2. 外部经济。指整个行业（生产部门）规模变化而使个别经济实体的收益增加。如：行业规模扩大后，可降低整个行业内各公司、企业的生产成本，使之获得相应收益。

3. 规模结构经济。各种不同规模经济实体之间的联系和配比，形成一定的规模结构经济：企业规模结构、经济联合体规模结构、城乡规模结构等。

通常，规模经济分为两类：一是从设备、生产线、工艺过程等角度提出的，称为工厂规模经济。其形成的原因有：①采用先进工艺，设备大型化、专业化，实行大批量生产，可降低单位产品成本和设备投资；②实行大批量生产方式，有利于实现产品标准化、专业化和通用化（通常称产品的"三化"），提高产品质量，降低能耗和原材料消耗等各种物耗，促进技术进步，取得显著的经济效果。二是企业规模经济，指若干工厂通过水平和垂直联合组成的经营实体。不仅可带来单位产品成本、物耗降低，取得"全产品生产线"的效益，降低销售费用，节省大量管理人员和工程技术人员，还可使企业有更多的资金用于产品研制与开发，使其具有更强的竞争能力。在实际生产中，两种规模经济具有同等重要意义，但工业地理学更偏重于研究后者。

规模经济的优势主要有：能够实现产品规格的统一和标准化，通过大量购入原材料，而使单位购入成本下降；有利于管理人员和工程技术人员的专业化和精简，有利于新产品开发，具有较强的竞争力。

制约规模经济的因素主要有：自然条件，如石油储量决定油田规模；物质技术装备，如化工设备和装置能力影响化工企业的规模；社会经济条件，如资金、市场、劳力、运输、专业化协作对企业规模的影响；社会政治历史条件等。

在经济实体规模扩大时，产量的增加小于投入要素的增加比例，收益递减，就是规模不经济。在市场经济中，生产经营者总是追求规模经济，避免规模不经济。追求规模经济、研究取得最佳经济效益的合理规模及其制约因素和各种不同经济规模之间相互联系和配比，揭示经济规模结构的发展趋势，寻求建立最佳规模结构的主要原则和对策，对于发展社会生产力具有极为重要的意义。

9.
企业兼并是如何进行的

> 兼并前企业的股东或所有者在兼并企业中拥有股份，同时原来企业的高级管理人员继续在兼并后的企业中担任高级管理职位。

合作是指个人与个人、群体与群体之间为达到共同目的，彼此相互配合的一种联合行动。成功的合作需要具备的基本条件主要有：①一致的目标。任何合作都要有共同的目标，至少是短期的共同目标。②统一的认识和规范。合作者应对共同目标、实现途径和具体步骤等，有基本一致的认识，在联合行动中合作者必须遵守共同认可的社会规范和群体规范。③相互信赖的合作气氛。创造相互理解、彼此信赖、互相支持的良好气氛是有效合作的重要条件。④具有合作赖以生存和发展的一定物质基础。必要的物质条件（包括设备、通讯和交通器材工具等）是合作能顺利进行的前提，空间上的最佳配合距离，时间上的准时、有序，都是物质条件的组成部分。

合作的类型按合作的性质，可分为同质合作与非同质合作。同质合作，即合作者无差别地从事同一活动，如无分工地从事某种劳动；非同质合作，即为达到同一目标，合作者有所分工，如按工艺流程分别完成不同工序的生产。按照有无契约合同的标准，合作分为非正式合作与正式合作。非正式合作发生在初级群体或社区之中，是人类最古老、最自然和最普遍的合作形式。这种合作无契约上规定的任务，也很少受规范、传统与行政命令的限制；正式合作是指具有契约性质的合作，这种合作形式明文规定了合作者享有的权利和义务，通过一定法律程序，并受到有关机关的保护。按合作的参加者分，有个人间的和群体间的合作等等。就合作本质而言，双方具有平等的法人地位，在自愿、互利的基础上实行不同程度的联合。

商务印书馆《英汉证券投资词典》解释：兼并 takeover。亦为：收购；接管收购。通过收购目标公司股份，尤指收购 51% 以上的股份，实现对其控股。收购的目的主要有扩大经营、保障原料、确保销售、控制市场等。收购者可能通过善意或恶意的手法实现收购。商务印书馆《英汉证券投资词典》还解释：兼并 acquisition。亦为：收购。购买目标公司大部分或全部股份并对其进行控制的行为；或本公司被作为目标公司，股份和权益被兼并者购买控制。兼并分善意收购和恶意收购。善意收购多通过谈判实现控股；恶意收购多表现为发出远高于股份市值的要约，以诱使现有股东出让股份。目标公司股东会对恶意收购发起反击。由于被收购公司已具备组织生产、管理机构、开发资源、占领市场等条件，有利于收购者迅速进入市场。但公司并购同样也存在风险。

兼并有广义和狭义之分。广义的兼并是指一个企业获得另个企业的控制权，从而使若干个企业结合成一个整体来经营；狭义的兼并概念是指两个规模大致相当的企业结合起来将其资源整合成一个实体。兼并前企业的股东或所有者在兼并企业中拥有股份，同时原来企业的高级管理人员继续在兼并后的企业中担任高级管理职位。相反，收购是指一个企业取得另一个企业的所有权和管理控制权，是否取得控制权是区分兼并与收购的关键。为了清楚地与收购相区别，狭义的兼并概念也有所扩展。兼并发生时，没有明显的收购企业或被收购企业；双方共同参与兼并企业管理结构的建立；兼并时两个企业在规模上十分接近，兼并时任何一方不支配另一方；全部或绝大部分的对价都是股份互换而不是现金支付等其他方式。在兼并中，极少出现现金转手的情况。

1. 横向兼并：同一产业的公司联合在一起，按《克莱顿法》，当它可能在相当程度上降低产业竞争时，这种兼并就是被禁止的。判例法和政府关于兼并的准则澄清了含糊的法律语言。政府用赫芬达尔——赫希曼指数（HHI）来评估兼并活动。按这些准则，各产业将被划分为三种类型：非集中的（HHI 小于 1000）、轻度集中（HHI 在 1000 和 1800 之间）、高度集中（HHI 高于 1800）。后两种类型的产业中，即使厂商只控制了较少的市场份额，其兼并也会受到反对。

2. 纵向兼并：发生在处于生产过程不同阶段的两个厂商结合在一起的时候。近年来，美国政府对纵向兼并采取严厉的态度，他们担心，如果两个独立的企业兼并，其排他性经营会给竞争带来潜在的限制。

3. 混合兼并：将没有关联的业务结合到一起。对混合兼并的批评来自于两点，一是最大型公司的绝对规模已经大得令人不安，许多观察家越来越担心大公司在滥用市场力量之余，更会通过操纵政治程序来获取利益；二是这些混合联合中有许多并没有什么经济目的。也有人为混合经济辩护，某些经济学家认为这些兼并能给落后的公司带去现代化的管理。接管就像破产一样，体现的是一种生存斗争中清除枯枝败叶的经济机制。尽管如此，关于混合兼并的优缺点目前还没有一致的看法，并且只要混合兼并没有提高某些特定行业的集中度，它就能够被公众接受。

产业经营是做"加法",兼并收购是做"乘法"。很多企业家看到了"乘法"的高速成长,却忽视其隐藏的巨大风险,现实中有太多在产业界长袖善舞的企业家最后在资本运营中折戟沉沙。

10. 企业之间的"跑马圈地"

企业收购是指一企业通过购买和证券交换等方式获取其他企业的全部所有权或部分股权,从而掌握其经营控制权的商业行为。

国际企业收购的结果是跨国性的参股、接管或兼并。从历史和现状来看,它一直是国际直接投资的主要形式之一。国外企业收购的程序或渠道是非单一性的,基本上可概括为间接收购和直接收购。前者指购买者并不向被购方直接提出购买的要求,而是在证券市场比高于股市价格水平的价格大量收购一家公司的普通股票,达到控制该公司的目的,其结果可能会引起公司间的激烈对抗;或者是利用一家公司的股价下跌之机,大量买进该公司的普通股,达到控制该公司的目的;后者是指收购者直接向一家公司提出拥有所有权的要求。如果是部分所有权要求,该公司可能会允许购买者取得增加发行的新股票;若是全部所有权的要求,则可由双方共同磋商,在兼顾共同利益的基础上确定所有权转让的条件和形式。在直接收购中,被收购方还可能出于某种原因主动提出邀请。国际企业收购是投资者迅速实现对外发展战略的有效手段，它可以大大缩短投资项目的建设周期，迅速扩大生产规模。此外，它在资本投入、市场开拓、取得关键技术和人才，增强企业的竞争和保证企业利润水平等方面都有许多有利之处。

企业收购基本的程序可以分为准备阶段、实施阶段和整合阶段三大步，具体如下：

一、准备阶段

（一）选择并购目标、收购时机——并购战略

制定收购计划也是初步做出决策的阶段，收购者如果一开始便能组成项目小组，做出的决策在今后的工作中往往就能起到积极的作用。这一阶段主要包括确定收购对象的标准，计划今后工作，明确收购的原则及战略。并购战略的分析方法通行的主要有以下两种：

1. 波士顿咨询公司（Boston consulting group）的方法

经验曲线；产品生命周期；投资组合平衡（成长——份额矩阵）。

2. 波特方法（Mike Porter）

（1）选择一个有吸引力的行业；

（2）成本领先、产品差异——扩大竞争优势；

（3）发展有吸引力的价值链。

并购的宏观研判最重要的是产业研判。产业研判的精髓在于：在适当的时候进入一个适当的行业。并购首先是选行业，然后才是选企业。更进一步的，一个行业即使从长远而言有潜力，但是企业如果在一个不恰当的时候进入，仍然可能事倍功半。发展的初级阶段，没有形成成熟的赢利模式，没有形成长期发展根基的核心能力，并购这些行业的企业，可能在相当长时期内无法收回成本，更难谈上协同效应。

（二）聘请财务顾问

财务顾问，包括证券公司和专业投资咨询公司其作用是提供潜在的收购对象，参与企业与目标公司的谈判；拟定收购方案，协助办理股权转让手续，提供相关咨询等。

（三）目标公司调查

1. 目标公司基本情况；

2. 产业分析；

3. 财务资料（比率分析、趋势分析，资产质量调查（应收账款、存货、无形资产等），债务和或有事项（对外担保、未决诉讼），关联交易等。

未充分调查的后果：并购后失败。

4. 法律调查。①目标公司的主体资格、资质证书及相关并购交易的批准和授权；②目标公司章程是否对并购存在一些特别规定；③目标公司的各项财产权利是否完整无瑕疵，如土地使用权、房产权、商标权利、专利等；④目标公司的合同、债务文件的审查，是否存在限制性条款，特别是当目标公司控制权改变后合同是否依然有效，公司资产抵押、担保情况等；⑤目标公司正在进行的诉讼等。

5. 目标公司的组织、人力资源和劳资关系。

组织结构，管理团队对并购的态度、是否会留在公司，劳动合同、社会保险金的缴纳等。

（四）制定初步收购方案

二、实施阶段

（一）与目标公司谈判

立足双赢制定"收购意向协议书"：将目标公司锁定，防止其寻找其他买家。

（二）确定收购价格、支付方式

收购方聘请中介机构对目标公司财务报表进行审计，在此基础上对目标公司资产进行评估，作为收购价格基本依据。国有股东转让股权时，转让价格不得低于每股净资产。目前溢价率在 20% 以上。收购价款支付方式：现金支付、股票支付、混合支付等。国内以混合支付为多。

（三）签订股权转让协议

（四）报批和信息披露

股权转让涉及国有股（国家股和国有法人股），由目标公司向国有资产管理部门和省级人民政府提出出让股份申请，获批后再向财政部（国资委）提交报告，获批准后，双方根据批复文件的要求，对协议相关条款进行修改，正式签订股权转让协议。——其中，可能发生要约收购义务，收购人向证监会申请豁免。

（五）办理股权交割手续

收购方履行付款义务，双方可派授权代表到证券登记结算机构办理转让股权的交割手续。股权交割后，上市公司收购的法律程序即告结束。

三、整合阶段

取得对目标公司的控制权作为衡量收购是否成功的标志，事实上，整合阶段在整个并购过程中是最艰难、最关键的阶段。在并购失败的已知原因中，整合不力占 50%，估价不当占 27.78%，战略失误占 16.66%，其他原因占 5.56%。

（一）进驻目标公司

收购方取得目标公司控制权后，召开临时股东大会，修订公司章程，对公司董事会、监事会进行改组，成立新的董事会，任命总经理等高管人员。

（二）经营整合

在稳定与客户、供应商关系基础上，调整公司经营政策，重新确定公司经营重点。

（三）债务整合

通过与债权人沟通，获得债务豁免、重新安排债务的偿还期限，增加长期负债来偿还短期债务等，降低债务成本、减轻偿债压力。

（四）组织制度调整

调整目标公司的组织结构和管理制度。

（五）人力资源整合

稳定和留住对企业未来发展至关重要的人才，裁减冗员。

11.
少数必须服从多数吗

> 利用少数服从多数的投票机制，将产生不出一个令所有人满意的结论，这就是著名的"投票悖论"。

阿罗不可能性定理是指，如果众多的社会成员具有不同的偏好，而社会又有多种备选方案，那么，在民主的制度下不是可能得到令所有的人都满意结果的。该定理是由1972年度诺贝尔经济学奖获得者美国经济学家肯尼思·J.阿罗提出。

众所周知，多数原则是现代社会广泛接受的决策方法。洛克认为：

"根据自然和理性的法则，大多数具有全体的权力，因而大多数的行为被认为是全体的行为，也当然有决定权了。"但很多在自然法学家那里想当然是正确的东西在社会选择理论中是需要证明的。所谓社会选择，在数学上表达为一个建立在所有个人的偏好上的函数（或对应），该函数的性质代表了一定的价值规范，比如公民主权、全体性、匿名性、目标中性、帕累托最优性、无独裁性等。社会选择最重要的问题是，这些价值规范之间是否是逻辑上协调的。阿罗证明，不存在同时满足如下四个基本公理的社会选择函数：①个人偏好的无限制性，即对一个社会可能存在的所有状态，任何逻辑上可能的个人偏好都不应当先验地被排除；②帕累托原则，即一个方案对所有人是最优的意味着相对于社会偏好序也是最优的；③非相关目标独立性，即关于一对社会目标的社会偏好序不受其他目标偏好序变化的影响；④社会偏好的非独裁性。

利用少数服从多数的投票机制，将产生不出一个令所有人满意的结论，这就是著名的"投票悖论"（Paradox Of Voting）。投票悖论最早是由康德尔赛（Marquis De Coudorcet）在18世纪提出的，因而该悖论又称为"康德尔赛效应"，而利用数学对其进行论证的则是肯尼斯·阿罗。

按照阿罗的理论，假设7个人选择三种口味的冰淇淋，如香草口味、巧克力口味、草莓口味。每人选择出自己对三种口味的喜爱程度：

1号：香草口味、巧克力口味、草莓口味

2号：草莓口味、香草口味、巧克力口味

3号：草莓口味、香草口味、巧克力口味

4号：草莓口味、香草口味、巧克力口味

5号：巧克力口味、草莓口味、香草口味

6号：巧克力口味、草莓口味、香草口味

7号：巧克力口味、草莓口味、香草口味

由上可以看出，就香草口味和巧克力口味比较而言，1至4号喜欢香草口味，5至7号喜欢巧克力口味，故香草口味以四比三的结果夺得优势。再将巧克力口味和草莓口味相比较，则1号和5至7号喜欢巧克力口味，2至4号喜欢草莓口味，即巧克力口味以四比三的结果夺得优势。如果依照公理2的可递性来看，巧克力口味＞草莓口味，由于前面香草口味＞巧克力口味，则香草口味＞草莓口味。但是，若从7个人的选择顺序来看，主张香草口味比草莓口味好的只有1号，而其他人都认为草莓口味比香草口味好。问题尚不仅于此，按照可递性，香草口味将表现为社会选择结果。在此情况下，只有1号的意见得到通过。这时，如果1号改变选择顺序，那么与其相适应的社会结果将注定不以其他人的意志为转移，而是以1号的选择顺序为转移。

阿罗涉及的这个问题具有很大的代表性。阿罗阐释了采取所谓多数表决的决定规则势必会随之出现独裁现象。我们通常认为多数表决是促成民主主义的决定原则，但在现实中，它却不曾起到这种作用。

就民主主义社会而言，阿罗所谓的基于多数表达原理的投票结果有时会导致投票的悖论效应，其观点颇具有重要意义。阿罗认为，投票的悖论并非经常发生，而具有一定的偶然性。如果这种概率实在微乎其微的话，那么阿罗不可能定理的意义就会黯然失色。对投票悖论产生的概率采取数学手段进行计算的是坎普布尔（C.Campbell）和塔洛克（G.Tullock）。

坎普布尔等人运用蒙特卡尔法来计算投票悖论产生的概率，并且指出，投票者数量或选择值增加越多，产生悖论的可能性就越大。譬如，在投票者为3人，选择值为3点的情况下，产生悖论效应的概率约为5.7%；当投票者增加至15人，选择值增加至11点时，产生悖论效应的概率提高到50%。也就是说，两次投票中就有一次悖论现象出现，因而，对于每天都在频繁进行着各种会议和集会的民主主义社会来讲，绝不可能对如此之高的比率掉以轻心。

此外，涅米和维斯伯格也大大地推进了坎普布尔等人的计算。他们指出，在投票者超过十人的情况下，以上投票悖论出现的概率基本无变化，而选择值的多少对悖论概率有相当大的影响。

可见，在这种情景下，利用少数服从多数的投票机制，将产生不出一个令所有人满意的结论。

12.
产品的市场寿命有多久

产品生命周期分为介绍（投入）期、成长期、成熟期、衰退期四个阶段。

一种产品进入市场后，它的销售量和利润都会随时间推移而改变，呈现一个由少到多再到由多到少的过程，就如同人的生命一样，由诞生、成长到成熟，最终走向衰亡，这就是产品的生命周期现象。所谓产品生命周期，是指产品从进入市场开始，直到最终退出市场为止所经历的市场生命循环过程。产品只有经过研究开发、试销，然后进入市场，它的市场生命周期才算开始。产品退出市场，则标志着生命周期的结束。典型的产品生命周期一般可分为四个阶段,即介绍期(或引入期)、成长期、成熟期和衰退期。

1. 介绍(投入)期。新产品投入市场,便进入介绍期。此时,顾客对产品还不了解,只有少数追求新奇的顾客可能购买,销售量很低。为了扩展销路,需要大量的促销费用,对产品进行宣传。在这一阶段,由于技术方面的原因,产品不能大批量生产,因而成本高,销售额增长缓慢,企业不但得不到利润,反而可能亏损。产品也有待进一步完善。

2. 成长期。这时顾客对产品已经熟悉,大量的新顾客开始购买,市场逐步扩大。产品大批量生产,生产成本相对降低,企业的销售额迅速上升,利润也迅速增长。竞争者看到有利可图,将纷纷进入市场参与竞争,使同类产品供给量增加,价格随之下降,企业利润增长速度逐步减慢,最后达到生命周期利润的最高点。

3. 成熟期。市场需求趋向饱和,潜在的顾客已经很少,销售额增长缓慢直至转而下降,标志着产品进入了成熟期。在这一阶段,竞争逐渐加剧,产品售价降低,促销费用增加,企业利润下降。

4. 衰退期。随着科学技术的发展,新产品或新的代用品出现,将使顾客的消费习惯发生改变,转向其他产品,从而使原来产品的销售额和利润额迅速下降,于是,产品又进入了衰退期。

产品种类是指具有相同功能及用途的所有产品。产品形式是指同一种类产品中,辅助功能、用途或实体销售有差别的不同产品,而产品品牌则是指企业生产与销售的特定产品。如白沙牌过滤嘴香烟,香烟表示产品种类;过滤嘴香烟是香烟的一种形式,即产品形式;白沙牌过滤嘴香烟则专指过滤嘴香烟中的一种特定产品、一种产品品牌。产品种类的生命周期要比产品形式、产品品牌长,有些产品种类生命周期中的成熟期可能无限延续。产品形式一般表现出上述比较典型的生命周期过程，即从介绍期开始，经过成长期、成熟期，最后走向衰落期。至于品牌产品的生命周期，一般是不规则的，它受到市场环境及企业市场营销决策、品牌知名度等影响。品牌知名度高的，其生命周期就长，反之亦然。例如，像国际知名品牌"可口可乐"百年来仍是如此受欢迎。

产品生命周期提供了一套适用的营销规划观点。它将产品分成不同的策略时期，营销人员可针对各个阶段不同的特点而采取不同的营销组合策略。此外，产品生命周期只考虑销售和时间两个变数，简单易懂。但产品生命周期各阶段的起止点划分标准不易确认；并非所有的产品生命周期曲线都是标准的 S 型，还有很多特殊的产品生命周期曲线；无法确定产品生命周期曲线到底适合单一产品项目层次还是一个产品集合层次；该曲线只考虑销售和时间的关系，未涉及成本及价格等其他影响销售的变数；易造成"营销近视症"，认为产品已到衰退期而过早将仍有市场价值的好产品剔除出了产品线；产品衰退并不表示无法再生，如通过合适的改进策略，公司可能再创产品新的生命周期。

生命周期曲线的特点是在产品开发期间该产品销售额为零，公司投资不断增加；在引进期，销售缓慢，初期通常利润偏低或为负数；在成长期销售快速增长，利润也显著增加；在成熟期利润在达到顶点后逐渐走下坡路；在衰退期间产品销售量显著衰退，利润也大幅度滑落。该曲线适用于一般产品的生命周期的描述；不适用于风格型、时尚型、热潮型和扇贝型产品的生命周期的描述。

13.
好酒也怕巷子深

> 1913年，第一次真正的全国性现代化广告运动以第一种美国混合型香烟骆驼牌为开端而蓬勃展开。

广告是最古老的人类活动之一。我们可以想象许多源于古代世界的"招贴广告"，在1850年左右广告以它的现代形式与受欢迎的报业高潮一同出现在英国。以便士计价之报纸的广泛可获性为广告提供了商业所无法忽视的积极的传播受众。在这些报纸上首先做广告的主要产品是特许专卖的或专利药品，以及更多的上等产品，比如：可可、缝纫机和茶叶。但是直到广告在美国流行起来，广告技术才有了迅速的发展。凯尔劳格公司最早提倡用保健食品来治疗消化道疾病，该公司很快认识到借助广告它可以出售诸如早餐麦片这样的保健食品。1913年，第一次真正的全国性现代化广告运动以第一种美国混合型香烟骆驼牌为开端而蓬勃展开，并且香烟制造商们已经持续成为广告业中的最大创新者之一。

在美国，各行各业每年在广告上的花费已经超过650亿美元。对许多人来说，这一巨大的数额代表着对社会资源的浪费。然而最近很多研究者已经开始表明广告的确耗费社会资源，但同时在特定的条件下，它最终能够导向降低消费者的总支出价格。怎么会是这样的？毕竟任一行业都要获取利润，如果广告费用被加到生产费用上，那么利润最终要摊派在对消费者索取的更高价格上。这一逻辑仍然是正确的，但是它所忽略的是被称之为竞争的关键性要素。

在零售行业，有某种被称为加成标价的东西，这是由零售商向消费者所索取的增加在批发价格之上的百分比，这也被称作为分销毛利。考虑一下玩具行业的情况，根据一位研究者的说法，50年代的分销毛利差不多是50%。到了70年代初期，毛利降到33%，这并非是由于零售商内心的变化所引起的——他们并未变得对利润不太感兴趣；相反地，玩具业开始大量集中地做广告，尤其是在电视上做广告。直到50年代，美国玩具业从根本上说，一直是一个不做广告的市场。然而，1955年加利福尼亚州的马特尔公司开始在米老鼠俱乐部的演出中做玩具小型冲锋枪的广告，于是在圣诞节之前，马特尔玩具小型冲锋枪就从零售商的货架上被抢购一空了。从那以后，玩具业就与电视广告紧紧地连在一起。

几乎同一时期，零售业发展起一种具有革命性的特征——折扣商店。在1960年，折扣商店的总销售额为20亿美元，10年之后，其销售额差不多为300亿美元。随着经济的发展，折扣店越来越受到人们欢迎，其经营范围也越来越广泛，销售额更是直线飙升。给予折扣的商人们发现某种十分有趣的事情：那些大量做广告的玩具周转极为迅速，这些玩具可以在比建议价格低得多的价位上有利可图地出售，并且给予折扣的商人们仍然能够获得利润。在70年代初期，折扣商店占玩具零售销售额的30%，并且它们的玩具部或柜台的平均分销毛利仅为26%。显然，传统的零售商们也不得不以削减其价格的方式来进行竞争。事实上，具有商标品牌并做好广告宣传的商品项目使得有相互比较的购物更为容易,并因此增强了零售商们之间的竞争。

让我们来考虑另一个被法律禁止在某些州做广告的行业:宣称有减肥功效的保健品在中国已经禁止对这些产品或服务做任何广告。这样一种禁止以一种重要的方式直接影响了顾客。顾客必须花费更多的时间和资源去寻找发现在他或她所在的地理区域所提供的同一产品或服务的不同价格。换句话说,保健品的全部价格将由购买价格、为获得保健品而花费的时间与交通成本,以及有关在哪里可以获得这种保健品的知识或信息成本所构成。消费者对某一行业变换价格了解得越多,不同保健品商之间的价格变动就会越小。这来自于对不完全信息广告的现代争论。企业为了增加销售额而降低价格。如果顾客发现要想察觉竞争中的企业之间的价格差异,成本过于昂贵,那么每个企业将趋向于面对一个无弹性的需求表,并索取超过边际成本的较高加成标价。随之那些卡特尔发现如果与价格搜寻相关的成本可以被提高的话,强制实行卡特尔价格就较为容易了。这就是那些卡特尔偏好或赞同法律禁止做广告的原因。有一种假设便是广告增加了顾客对某一行业变换价格的知识,并由此减少给定地区市场的价格变动。再者,薄利多销之出售者能够生存的唯一方式是,向来自颇为广大地理区域的数量众多的顾客,提供这种可以较低的价格获得的信息。如果该广告是被禁止的,这种薄利多销的出售者也许就无法生存下去。

我们在此可以注意到对广告的禁止将会倾向于对某一行业中那些最大的企业有利,毕竟这些最大的企业拥有最多数量的出色产品,而这些产品本身就是企业的广告。比如说,如果美国联邦贸易委员会禁止对所有类型和品牌的轿车做广告,通用汽车公司就当然会比本田公司更为有利。可以设想一下,如果本田不能在电视、报纸和杂志上做广告,它要想引入自己的轿车与通用汽车公司进行竞争该会是多么的艰难?

在一个拥有完全同一性产品的完全垄断的世界中,做广告的确没有什么作用。但是当我们谈论有关广告时,我们是否在暗示一个垄断的世界?不一定。甚至一个完全垄断者也会需要在电话簿的黄页中列出其企业的名称,在街上竖立起标牌,使得人们得知它的存在。当我们从那一点起步,到我们通常所见到的广告种类,我们就显然不是在谈论有关完全垄断者,而是在谈论那些出售有差别产品的企业。在此我们正在进入垄断竞争或是寡头垄断的领域:即在此领域中,大量的销售者在营销有微小差别的产品,比如说牙膏和肥皂;或者是很少数量的销售者,比如说在汽车制造业中。广告似乎与这样的市场结构相联系,但是并不完全清楚的是,广告允许在这些市场结构中的企业拥有更大的垄断势力。的确,这一点可以进行争论,上述所引用的证据可以支持这一可能性——即广告对竞争的存在是必要的,因为它是在某些企业的垄断势力上所耗费的。

诚然,大量做广告的品牌有可能与更多的,而不是更少的垄断势力相关。毕竟那些成功地为其品牌做广告的企业会得到大量跟从的消费者,而这些消费者宁愿"主动出击,而不愿消极接受",但是经验证据似乎并不能支持这一主张。如果我们比较一下大量做广告行业中品牌项目的市场占有份额与很少做广告行业的品牌项目的市场占有份额,根据上述假设,我们应当发现大量做广告行业的品牌项目在市场上保持不变的占有份额。事实上,它显示出在大量做广告的行业,比如化妆品与盥洗用品等在市场上的占有份额,不如那些很少做广告的行业,比如食品等在市场上的占有份额稳定。所以高水平的广告所产生的结果是新产品高频率地引入,香烟、化妆品和早餐麦片粥的情况似乎就是这样。那么广告也许会引向对因品牌而造成的垄断势力数量程度的削减,而不是增加这种势力。

所有上述论点不应当被解释为表示广告业不存在难题。欺诈性广告无疑一直是一种两难问题。竞争性市场理论预言说，那些涉足欺诈性宣传的广告发布者最终将会被迫退出其营运行业。可是要用多长时间呢？是否有可以约束广告的防范措施来避免过多数量的误导在社会中传播？这是一个不得不由政策制定者们予以回答的重要问题。

14. 破窗效应——勿以恶小而为之

> 如果有人打坏了一幢建筑物的窗户玻璃，而这扇窗户又得不到及时的维修，别人就可能受到某些暗示性的纵容去打碎更多的窗户。

美国斯坦福大学心理学家菲利普·辛巴杜（Philip Zimbardo）于1969年进行了一项实验，他找来两辆一模一样的汽车，把其中的一辆停在加州帕洛阿尔托的中产阶级社区，而另一辆停在相对杂乱的纽约布朗克斯区。停在布朗克斯的那辆，他把车牌摘掉，把顶棚打开，结果当天就被偷走了，而放在帕洛阿尔托的那一辆，一个星期也无人理睬。后来，辛巴杜用锤子把那辆车的玻璃敲了个大洞，结果呢，仅仅过了几个小时，它就不见了。以这项实验为基础，政治学家威尔逊和犯罪学家凯琳提出了一个"破窗效应"理论，认为：如果有人打坏了一幢建筑物的窗户玻璃，而这扇窗户又得不到及时的维修，别人就可能受到某些暗示性的纵容去打碎更多的窗户。久而久之，这些破窗户就给人造成一种无序的感觉。结果在这种公众麻木不仁的氛围中，犯罪就会滋生、泛滥。

我们日常生活中也经常有这样的体会：桌上的财物，敞开的大门，可能使本无贪念的人心生贪念；对于违反公司程序或廉政规定的行为，有关组织没有进行严肃处理，没有引起员工的重视，从而使类似行为再次甚至多次重复发生；对于工作不讲求成本效益的行为，有关领导不以为然，使下属员工的浪费行为得不到纠正，反而日趋严重等等。一间房子如果窗户破了，没有人去修补，隔不久，其他的窗户也会莫名其妙地被人打破；一面墙上如果出现一些涂鸦没有清洗掉，很快墙上就布满了乱七八糟、不堪入目的东西。在一个很干净的地方，人们会很不好意思扔垃圾，但是一旦地上有垃圾出现，人们就会毫不犹豫地随地乱扔垃圾，丝毫不觉得羞愧。这就是"破窗效应"的表现。

在日本，有一种称作"红牌作战"的质量管理活动。日本的企业将有油污、不清洁的设备贴上具有警示意义的"红牌"，将藏污纳垢的办公室和车间死角也贴"红牌"，以促其迅速改观，从而使工作场所清洁整齐，营造出一个舒爽有序的工作氛围。在这样一种积极暗示下，久而久之，人人都遵守规则，认真工作。实践证明，这种工作现象的整洁对于保障企业的产品质量起到了非常重要的作用。

制度化建设在企业管理中已经是老生常谈了，但是，现实的情况往往是制度多，有效执行的少。长此以往，企业的发展会很尴尬。对公司员工中发生的"小奸小恶"行为，管理者要引起充分的重视，适当的时候要小题大做，这样才能防止有人效仿，以致积重难返。

例如，一位优秀的毕业生到一家知名企业应聘，很快就被录取，在财务部担任工作。由于该部门只有他一名名牌大学生，主管和同事都很器重他。久而久之，他便产生了骄傲的情绪，做事也漫不经心。刚开始，主管还好心地提醒他所犯的错误，可是他却没往心里去。

过了一段时间，主管让他将对着收据单把原始资料输到电脑里去，这本来是件极为简单容易的事情。800多张收据单他一天就输完了，还抱怨主管大材小用。可是，过了一段时间后，主管就愤怒地拿着单据来找他，告诉他总账错了。原来，他在一个数字后面多加了一个"0"，导致同事浪费大量时间检查原始数据。

这时，他才领悟到自己的错误，可是主管没有再给他机会，最终被解雇。

破窗效应带给我们的启示就是，凡事都应该从小事、细节抓起，只有做到了小事不出乱子，才能做成大事。在管理实践中，管理者必须高度警觉那些看起来是个别的、轻微的，但触犯了公司核心价值的"小的过错"，并坚持严格依法管理。"千里之堤，溃于蚁穴。"不及时修好第一扇被打碎玻璃的窗户，就可能会带来无法弥补的损失。

纽约市交通警察局长布拉顿受到了"破窗理论"的启发。纽约的地铁被认为是"可以为所欲为、无法无天的场所"，针对纽约地铁犯罪率的飙升，布拉顿采取的措施是号召所有的交警认真推进有关"生活质量"的法律，他以"破窗理论"为师，虽然地铁站的重大刑案不断增加，他却全力打击逃票。结果发现，每七名逃票者中，就有一名是通缉犯；每二十名逃票者中，就有一名携带凶器。结果，从抓逃票开始，地铁站的犯罪率竟然下降，治安情况大幅好转。他的做法显示，小奸小恶正是暴力犯罪的温床。因为针对这些看似微小、却有象征意义的违章行为大力整顿，却大大减少了刑事犯罪。

从"破窗效应"中，我们可以得到这样一个道理：任何一种不良现象的存在，都在传递着一种信息，这种信息会导致不良现象的无限扩展，同时必须高度警觉那些看起来是偶然的、个别的、轻微的"过错"，如果对这种行为不闻不问、熟视无睹、反应迟钝或纠正不力，就会纵容更多的人"去打烂更多的窗户玻璃"，就极有可能演变成"千里之堤，溃于蚁穴"的恶果。

15.
适当地引进"鲶鱼"型人才

"鲶鱼"型人才是企业管理必需的。在企业管理中，管理者要实现管理的目标，同样需要引入"鲶鱼"型人才，以此来改变企业相对一潭死水的状况。

鲶鱼效应即采取一种手段或措施，刺激一些企业活跃起来投入到市场中积极参与竞争，从而激活市场中的同行业企业。其实质是一种负激励，是激活员工队伍之奥秘。

挪威人喜欢吃沙丁鱼，尤其是活鱼。市场上活沙丁鱼的价格要比死鱼高许多。所以渔民总是千方百计地想办法让沙丁鱼活着回到渔港。虽然经过种种努力，绝大部分沙丁鱼还是在中途因窒息而死亡，但却有一条渔船总能让大部分沙丁鱼活着回到渔港。船长严格保守着秘密。直到船长去世，谜底才揭开，原来是船长在装满沙丁鱼的鱼槽里放进了一条以鱼为主要食物的鲶鱼。鲶鱼进入鱼槽后，由于环境陌生，便四处游动。沙丁鱼见了鲶鱼十分紧张，左冲右突，四处躲避，加速游动。这样一来，一条条沙丁鱼欢蹦乱跳地回到了渔港。这就是著名的"鲶鱼效应"。鲶鱼效应对于"渔夫"来说，在于激励手段的应用。渔夫采用鲶鱼来作为激励手段，促使沙丁鱼不断游动，以保证沙丁鱼活着，以此来获得最大利益。在企业管理中，管理者要实现管理的目标，同样需要引入"鲶鱼"型人才，以此来改变企业相对一潭死水的状况。

鲶鱼效应对于"鲶鱼"来说，在于自我实现。"鲶鱼"型人才是企业管理必需的。"鲶鱼"型人才是出于获得生存空间的需要出现的，而并非是一开始就有如此的良好动机。对于鲶鱼型人才来说，自我实现始终是最根本的。

鲶鱼效应对于"沙丁鱼"来说，在于缺乏忧患意识。沙丁鱼型员工的忧患意识太少，一味地想追求稳定，但现实的生存状况是不允许沙丁鱼有片刻的安宁。"沙丁鱼"如果不想窒息而亡，就必须活跃起来，积极寻找新的出路。以上四个方面都是探讨鲶鱼效应时必须考虑的问题。

鲶鱼效应的根本就是一个管理方法的问题，而应用鲶鱼效应的关键就在于如何应用好"鲶鱼"型人才。如何对"鲶鱼"型人才或组织进行有效的利用和管理是管理者必须探讨的问题。由于"鲶鱼"型人才的特殊性，管理者不可能用相同的方式来管理"鲶鱼"型人才，已有的管理方式可能有相当部分已经过时。因此，鲶鱼效应对管理者提出了新的要求，不仅要求管理者掌握管理的常识，而且还要求管理者在自身素质和修养方面有一番作为，这样才能够让"鲶鱼"型人才心服口服，才能够保证组织目标得以实现。因此，企业管理在强调科学化的同时，应更加人性化，以保证管理目标的实现。

适当的时候引入一条"鲶鱼"，在很大程度上是可以刺激团队战斗力的重新爆发的。美国汽车巨子李·艾柯卡是管理界的奇才，他深谙"鲶鱼效应"的作用。

艾柯卡担任克莱斯勒总裁之前，该公司的制度混乱，公司部门冗杂，财务状况更是十分糟糕，已经面临着濒临破产的边缘。面对这个烂摊子，艾柯卡采取了一系列改革措施。他最先对公司高层进行了清理，裁撤掉一大批能力平庸、毫无建树的高管。接着，他又开始精简机构、整合一些重叠交叉的机构，使得克莱斯勒公司各部门逐渐由臃肿变得精干起来。

艾柯卡广泛引进人才，将原本福特公司副总裁、总工程师等多名高级人才收入旗下，打破洛克菲勒企业内部沉闷、落后的管理气氛，为企业增添了新鲜血液。同时，他还开展裁员减薪的计划，仅在一年的时间内，他就先后解雇了9万多名员工，而留用员工减薪更是高达12亿美元。之后，他又大力改善库存管理，并综合改革了预算、采购、生产等方面的成本。

在整合企业结构的同时，他以身作则，在公开场合表示与全体员工同甘共苦，在公司赢利之前，他每年只拿一美元的年薪。这极大地调动了管理者和员工的积极性，使得公司上下空前团结。

经过几年的努力，艾柯卡力挽狂澜，将洛克菲勒这个即将破产的公司拯救过来，并且业绩连年上涨。

"鲶鱼"型人才在组织中如何安身立命也是一个必须着重说明的问题。历史上有很多"好动"的人才最后都没有落得好下场，原因就在于他们的"好动",往往得罪了很多人后,而且这些人又联合起来将他们打压了下去。虽然组织因为这些"好动"的人而得到了长足的发展,但是这些"好动"的人的下场也让很多人想动而不敢动。其实,"鲶鱼"型人才在组织中的生存是有规律可循的。"鲶鱼"型人才固然要做得最好,但也要学会低调做人和韬光养晦;"鲶鱼"型人才固然要忠诚于组织,但也要学会功成身退,毕竟任何忠诚都是有限度的;"鲶鱼"型人才固然要努力工作,但也要讲究做人做事的方法。对于"鲶鱼"型人才来说,最重要的固然是自我价值的实现,但最根本的却是如何求得自身的安全。

16. 什么是差别定价

差别定价又叫差别价格,是指厂商在同一时间内对同一成本的产品向不同的购买者收取不同的价格;或者是对不同成本的产品向不同的购买者收取相同的价格。

价格歧视,指厂商在相同时间内以相同产品向不同的购买者收取不同的价格,或在充分考虑生产、销售以及风险的变动后,相同产品的销售价格与其边际成本不相称。所谓差别定价是指企业以两种或两种以上不同反映成本费用的比例差异的价格来销售一种产品或服务,即价格的不同并不是基于成本的不同,而是企业为满足不同消费层次的要求而构建的价格结构。差别定价法有以下几种形式：

1. 顾客细分定价。企业把同一种商品或服务按照不同的价格卖给不同的顾客。例如，公园、旅游景点、博物馆将顾客分为学生、年长者和一般顾客，对学生和年长者收取较低的费用；铁路公司对学生、军人售票的价格往往低于一般乘客；自来水公司根据需要把用水分为生活用水、生产用水，并收取不同的费用；电力公司将电分为居民用电、商业用电、工业用电，对不同的用电收取不同的电费。

2. 产品形式差别定价。企业按产品的不同型号、不同式样，制定不同的价格，但不同型号或式样的产品其价格之间的差额和成本之间的差额是不成比例的。比如：某品牌汽车2014年型号与2013年型号价格相差很多，可是其成本差额却没有那么大。

3. 形象差别定价。有些企业根据形象差别对同一产品制订不同的价格，这时，企业可以对同一产品采取不同的包装或商标，塑造不同的形象，以此来消除或缩小消费者认识到不同细分市场上的商品实质上是同一商品的信息来源。如中秋节前后，普通月饼价格在几十元左右，那些更高档包装、著名品牌的月饼，价格却为几百元、上千元。或者用不同的销售渠道、销售环境来实施这种差别定价。如某商品在廉价商店低价销售，但同样的商品在豪华的精品店可高价销售，辅以针对个人的服务和良好的售货环境。

4. 地点差别定价。企业对处于不同位置或不同地点的产品和服务制订不同的价格，即使每个地点的产品或服务的成本是相同的。例如影剧院不同座位的成本费用都一样，却按不同的座位收取不同价格，因为公众对不同座位的偏好不同；火车卧铺从上铺到中铺、下铺，价格逐渐增高。

5. 时间差别定价。价格随着季节、日期甚至钟点的变化而变化。一些公用事业公司，对于用户按一天的不同时间、周末和平常日子的不同标准来收费。长途电信公司制订的晚上、清晨的电话费用可能只有白天的一半；航空公司或旅游公司在淡季的价格便宜，而旺季一到价格立即上涨。这样可以促使消费需求均匀化，避免企业资源的闲置或超负荷运转。

实行差别定价的条件主要是：必须是垄断市场，必须能够将市场或市场的各个部分有效地分割开来，各个市场必须有不同的需求弹性。实际上，差别定价是为了获得消费者的剩余，消费者剩余指消费者的目标价格和实际价格的差。对于那些迫切需要某种商品的消费者，可以较高定价，对于需求不是太强烈的消费者，可以中等定价，对需求较弱的消费者较低定价，企业采取了多个等级的价格，就可以获得比统一价格更多的销售收入，实际上，高于统一价格购买商品的消费者多付出的那部分货币支出，转化为企业的生产者剩余。

差别定价的类型主要有按消费者可以支付的最高价格定价；按照消费者的支付能力划分消费阶层，分别定价；按消费者的需求价格弹性区分市场。

1. 按消费者可以支付的最高价格定价。例如，在农贸市场，消费者一般都有讨价还价的余地，不同的消费者达成交易的价格可能存在很大的差异。可以实行这种差别定价的市场，消费者的数量比较少，否则价格就会变得很复杂，使成本增多。

2. 按照消费者的支付能力划分消费阶层，分别定价。一般地，划分标准是消费者的收入水平或消费者的偏好程度。

3. 按消费者的需求价格弹性区分市场。对于弹性较小的市场，提高价格能够获得更多的收入，一般可以制定较高的价格；对于弹性较大的市场，需求对价格变化比较敏感，企业可以制定较低的价格。企业针对不同的消费需求制定价格，达到最大限度获得消费者剩余的目的，相对于实行统一价格，可以产生更大的经济收益。只要一家企业在市场上占据完全垄断的地位，就可以通过差别定价获取更大的收益。

第四章

市场不能成为脱缰的野马
——市场经济也离不开国家调控

市场经济离不开国家的宏观调控，国家调控对于市场经济的健全发展有着十分重要的作用，它不仅可以平衡市场经济的发展，而且可以促进社会的稳定。

1. GDP——国富民强的标尺

> 国内生产总值是用最终产品来计量的,即最终产品在该时期的最终出售价值。

GDP 即英文 gross domestic product 的缩写,也就是国内生产总值。通常对 GDP 的定义为:一定时期内(一个季度或一年),一个国家或地区的经济中所生产出的全部最终产品和提供劳务的市场价值的总值。

GDP 是用最终产品来计量的,即最终产品在该时期的最终出售价值。一般根据产品的实际用途,可以把产品分为最终产品和中间产品。所谓最终产品,是指在一定时期内生产的可供人们直接消费或者使用的物品和服务,这部分产品已经到达生产的最后阶段,不能再作为原料或半成品投入其他产品和劳务的生产过程中去,如消费品、资本品等;中间产品是指为了再加工或者转卖用于供别种产品生产使用的物品和劳务,如原材料、燃料等。GDP 必须按当期最终产品计算,中间产品不能计入,否则会造成重复计算。

GDP 是一个市场价值的概念。各种最终产品的市场价值是在市场上达成交换的价值,都是用货币来加以衡量的,通过市场交换体现出来。一种产品的市场价值就是用这种最终产品的单价乘以其产量获得的。

GDP 一般仅指市场活动导致的价值。那些非生产性活动以及地下交易、黑市交易等不计入 GDP 中，如家务劳动、自给自足性生产、赌博和毒品的非法交易等。

GDP 是计算期内生产的最终产品价值，因而是流量而不是存量。国家统计局每年公布 GDP 数据计算需要经过以下几个过程：初步估计过程、初步核实过程和最终核实过程。初步估计过程一般在每年年终和次年年初进行。它得到的年度 GDP 数据只是一个初步数，这个数据有待于获得较充分的资料后进行核实。初步核实过程一般在次年的第二季度进行。初步核实所获得的 GDP 数据更准确些，但因仍缺少 GDP 核算所需要的许多重要资料，因此相应的数据尚需要进一步核实。最终核实过程一般在次年的第四季度进行。这时，GDP 核算所需要的和所能搜集到的各种统计资料、会计决算资料和行政管理资料基本齐备。与前一个步骤相比，它运用了更全面、更细致的资料，所以这个 GDP 数据显得就更准确些。

此外，GDP 数据还需要经过一个历史数据调整过程，即当发现或产生新的资料来源、新的分类法、更准确的核算方法或更合理的核算原则时，要进行历史数据调整，以使每年的 GDP 具有可比性，这是国际惯例。

总之，每个时段公布的 GDP 都有其特定阶段的含义和特定的价值，不能因为在不同时间公布的数据不同，而怀疑统计数据存在问题。一国的 GDP 大幅增长，反映出该国经济发展蓬勃，国民收入增加，消费能力也随之增强。在这种情况下，该国中央银行将有可能提高利率，紧缩货币供应，国家经济表现良好及利率的上升会增加该国货币的吸引力。反过来说，如果一国的 GDP 出现负增长，显示该国经济处于衰退状态，消费能力减低。这时，该国中央银行将可能减息以刺激经济再度增长，利率下降加上经济表现不振，该国货币的吸引力也就随之降低了。因此，一般来说，高经济增长率会推动本国货币汇率的上涨，而低经济增长率则会造成该国货币汇率下跌。但实际上，经济增长率差异对汇率变动产生的影响是多方面的：

1. 一国经济增长率高，意味着收入增加，国内需求水平提高，将增加该国的进口，从而导致经常项目逆差，这样，会使本国货币汇率下跌。

2. 如果该国经济是以出口为导向，经济增长是为了生产更多的出口产品，出口的增长则会弥补进口的增加，减缓本国货币汇率下跌的压力。

3. 一国经济增长率高，意味着劳动生产率提高很快，成本降低，因而改善本国产品的竞争地位而有利于增加出口，抑制进口；并且经济增长率高使得该国货币在外汇市场上被看好，因而该国货币汇率会有上升的趋势。

2.
GNP 反映出一个国家的经济水平

国民生产总值（GNP）是最重要的宏观经济指标，国民生产总值反映一个国家的经济水平。

国民生产总值（Gross National Product 简称 GNP）是指一个国家（地区）所有常驻机构单位在一定时期内（年或季）收入初次分配的最终成果。一个国家常驻机构单位从事生产活动所创造的增加值（国内生产总值）在初次分配过程中主要分配给这个国家的常驻机构单位，但也有一部分以劳动者报酬和财产收入等形式分配给该国的非常驻机构单位。同时，国外生产单位所创造的增加值也有一部分以劳动者报酬和财产收入等形式分配给该国的常驻机构单位。从而产生了国民生产总值概念，它等于国内生产总值加上来自国外的劳动报酬和财产收入减去支付给国外的劳动者报酬和财产收入。GNP是与所谓的国民原则联系在一起的。

国民生产总值与社会总产值、国民收入有所区别，一是核算范围不同，社会总产值和国民收入都只计算物质生产部门的劳动成果，而国民生产总值对物质生产部门和非物质生产部门的劳动成果都进行计算；二是价值构成不同，社会总产值计算社会产品的全部价值，国民生产总值计算在生产产品和提供劳务过程中增加的价值，即增加值，不计算中间产品和中间劳务投入的价值，国民收入不计算中间产品价值，也不包括固定资产折旧价值，即只计算净产值。

国民生产总值反映一个国家的经济水平。按可比价格计算的国民生产总值，可以计算不同时期不同地区的经济发展速度（经济增长率）。国民生产总值的计算方法有三种：

1. 生产法（或称部门法），是从各部门的总产值（收入）中减去中间产品和劳务消耗，得出增加值。各部门增加值的总和就是国民生产总值；按提供物质产品与劳务的各个部门的产值来计算GNP。这种方法仅计算本部门的增值。是从货物和服务活动在生产过程中形成的总产品入手，剔除生产过程中投入的中间产品价值，得到新增价值的方法。

2. 支出法（或称最终产品法），即个人消费支出＋政府消费支出＋国内资产形成总额（包括固定资本形成和库存净增或净减）＋出口与进口的差额。这是从最终使用角度来反映国内生产总值最终去向的一种方法。最终使用包括货物和服务的总消费、总投资和净出口三部分内容。

3. 收入法（或称分配法），是将国民生产总值看作为各种生产要素（资本、土地、劳动）所创造的增加价值总额。因此，它要以工资、利息、租金、利润、资本消耗、间接税净额（即间接税减政府补贴）等形式，在各种生产要素中间进行分配。这样，将全国各部门（物质生产部门和非物质生产部门）的上述各个项目加以汇总，即可计算出国民生产总值。这种方法是从收入的角度出发，把生产要素在生产中所得到的各种收入相加。即：GDP = 工资 + 利息 + 利润 + 租金 + 企业间接税 + 企业转移支付 + 折旧。

从理论上说，上述3种方式最后统计得出的结果应该是一致的。现在国际上计算国内生产总值的通行方法为FPA，并将它得出的数据作为标准。

计算公式：$Q_1 \cdot P_1 + Q_2 \cdot P_2 + \cdots + Q_n \cdot P_n = $ 国内生产总值

其中Q代表各种劳务与最终产品（Final Products），即不包括生产各环节中重复计算的部分；P代表劳务与最终产品的价格。

GDP和GNP作为国民收入核算的两个指标，反映了统计上的两种原则。GDP是与所谓国土原则联系在一起的。按照这一原则，凡是在本国领土上创造的收入，不管是不是本国国民所创造的，都被计入本国的GDP，外国公司在某一国投资公司的利润都应计入该国的GDP，而该国企业在外国投资公司的利润就不应被计入。GNP是与所谓国民原则联系在一起的，按照这一原则，凡是本国国民（包括本国公民以及常驻外国但未加入外国国籍的居民）所创造的收入，不管生产要素是否在国内，都被计入本国的GNP，而外国公司在该国子公司的利润收入则不应被记入该国的GNP。

根据以上说明,以对外要素收入净额来表示本国生产要素在世界其他国家获得的收入减去本国付给外国生产要素在本国获得的收入,则 GNP 与 GDP 有如下关系:GNP = GDP+ 对外要素收入净额。

3. M0、M1、M2 代表着什么

> M0、M1、M2 是货币供应量的范畴。人们一般根据流动性的大小,将货币供应量划分不同的层次加以测量、分析和调控。

M0、M1、M2 是货币供应量的范畴。人们一般根据流动性的大小,将货币供应量划分不同的层次加以测量、分析和调控。实践中,各国对 M0、M1、M2 的定义不尽相同,但都是根据流动性的大小来划分的,M0 的流动性最强,M1 次之,M2 的流动性最差。我国现阶段也是将货币供应量划分为三个层次,其含义分别是:一是流通中现金(M0),是指银行体系以外各个单位的库存现金和居民的手持现金之和;二是狭义货币供应量(M1),狭义货币 M1 是一个宏观经济学概念,其计算方法是社会流通货币总量加上商业银行的所有活期存款,是指 M0 加上企业、机关、团体、部队、学校等单位在银行的活期存款;三是广义货币供应量(M2),是指 M1 加上企业、机关、团体、部队、学校等单位在银行的定期存款和城乡居民个人在银行的各项储蓄存款以及证券客户保证

金。M2 与 M1 的差额，即单位的定期存款和个人的储蓄存款之和，通常称作准货币。

可见，M0、M1、M2 的划分是根据流动性（变现能力）来划分的，M0 本身就是现金，所以流动性最大，M1 中的活期存款也是能够随时变现的，所以流动性虽不及 M0，但要大于 M2，因为 M2 中的定期存款是受期限限制，不能随时变现的。从另一个角度讲，M2 包含的货币范围是最大的，M0 包含的货币范围是最小的，通常所说的货币供应量，主要指 M2。

通常，央行会关注这三个货币供应量的指标，来看社会中流通的货币量是不是合适，进而调整货币政策，比如调整利率、调整准备金率等，以求经济的平稳，物价的稳定。

在萨缪尔森的《宏观经济学》中 M1= 现钞 + 支票；M2=M1+ 储蓄存款。而在英国的银行体系中还有 M0、M3 等项目。根据我们国家统计局的公开资料，我国是以 M0、M1、M2 为框架体系。M0= 流通中现金；M1=M0+ 非金融性公司的活期存款；M2=M1+ 非金融性公司的定期存款 + 储蓄存款 + 其他存款。

M1、M2，由于支票的自由兑换性，二者都有实际的经济学意义。在货币总量上意义相同，但在资金用途上却有重要的经济学意义。货币总量以 M1 出现，则消费和终端市场活跃；以 M2 出现，则投资和中间市场活跃。

美联储和各商业银行可以据此判定货币政策。M2 过高而 M1 过低，表明投资过热、需求不旺，有危机风险；M1 过高 M2 过低，表明需求强劲、投资不足，有涨价风险。

4.
降息还是升息，取决于宏观经济

当前，世界各国频繁运用利率杠杆实施宏观调控，利率政策已成为各国中央银行调控货币供求，进而调控经济的主要手段。

利率（Interest Rate），就其表现形式来说，是指一定时期内利息额同借贷资本总额的比率。利率是单位货币在单位时间内的利息水平，表明利息的多少。多年来，经济学家一直在致力于寻找一套能够完全解释利率结构和变化的理论，"古典学派"认为，利率是资本的价格，而资本的供给和需求决定利率的变化；凯恩斯则把利率看作是"使用货币的代价"。马克思认为，利率是剩余价值的一部分，是借贷资本家参与剩余价值分配的一种表现形式。利率通常由国家的中央银行控制，在美国由联邦储备委员会管理。现在，所有国家都把利率作为宏观经济调控的重要工具之一。当经济过热、通货膨胀上升时，便提高利率、收紧信贷；当过热的经济和通货膨胀得到控制时，便会把利率适当地调低。因此，利率是重要的基本经济因素之一。

利率是经济学中一个重要的金融变量，几乎所有的金融现象、金融资产均与利率有着或多或少的联系。当前，世界各国频繁运用利率杠杆实施宏观调控，利率政策已成为各国中央银行调控货币供求，进而调控经济的主要手段，利率政策在中央银行货币政策中的地位越来越重要。合理的利率对发挥社会信用和利率的经济杠杆作用有着重要的意义，而合理利率的计算方法是我们关心的问题。

利息率的高低，决定着一定数量的借贷资本在一定时期内获得利息的多少。影响利息率的因素，主要有资本的边际生产力或资本的供求关系。此外还有承诺交付货币的时间长度以及所承担风险的程度。利息率政策是西方宏观货币政策的主要措施，政府为了干预经济，可通过变动利息率的办法来间接调节通货水平。在经济萧条时期，降低利息率，扩大货币供应，刺激经济发展；在经济膨胀时期，提高利息率，减少货币供应，抑制经济的恶性发展。所以，利率对我们的生活有很大的影响。

决定和影响我国现阶段利率的主要因素有利润率的平均水平、资金的供求状况、物价变动的幅度、国际经济的环境以及政策性因素。

1. 利润率的平均水平。社会主义市场经济中，利息仍作为平均利润的一部分，因而利息率也是由平均利润率决定的。根据我国经济发展现状与改革实践，这种制约作用可以概括为：利率的总水平要适应大多数企业的负担能力。也就是说，利率总水平不能太高，太高了大多数企业承受不了；相反，利率总水平也不能太低，太低了不能发挥利率的杠杆作用。

2. 资金的供求状况。在平均利润率既定时，利息率的变动则取决于平均利润分割为利息与企业利润的比例，这个比例是由借贷资本的供求双方通过竞争确定的。一般地，当借贷资本供不应求时，借贷双方的竞争结果将促进利率上升；相反，当借贷资本供过于求时，竞争的结果必然导致利率下降。在我国市场经济条件下，由于作为金融市场上的商品的"价格"——利率，与其他商品的价格一样受供求规律的制约，因而资金的供求状况对利率水平的高低仍然有决定性作用。

3. 物价变动的幅度。由于价格具有刚性，变动的趋势一般是上涨，因而怎样使自己持有的货币不贬值，或遭受贬值后如何取得补偿，是人们普遍关心的问题。这种关心使得从事经营货币资金的银行必须使吸收存款的名义利率适应物价上涨的幅度，否则难以吸收存款；同时也必须使贷款的名义利率适应物价上涨的幅度，否则难以获得投资收益。所以，名义利率水平与物价水平具有同步发展的趋势，物价变动的幅度制约着名义利率水平的高低。

4. 国际经济的环境。改革开放以后，我国与其他国家的经济联系日益密切。在这种情况下，利率也不可避免地受国际经济因素的影响，主要表现在以下几个方面：①国际间资金的流动，通过改变我国的资金供给量影响我国的利率水平；②我国的利率水平还要受国际间商品竞争的影响；③我国的利率水平，还受国家的外汇储备量的多少和利用外资政策的影响。

5. 政策性因素。自1949年新中国成立以来，我国的利率基本上属于管制利率类型，利率由国务院统一制定，由中国人民银行统一管理，在利率水平的制定与执行中，要受到政策性因素的影响。例如，1978年以来，对一些部门、企业实行差别利率，体现出政策性的引导或政策性的限制。可见，我国社会主义市场经济中，利率不是完全随着信贷资金的供求状况自由波动，它还取决于国家调节经济的需要，并受国家的控制和调节。

利率的调整，实际上是各方面利益的调整。中国人民银行在确定利率水平时，主要综合考虑以下几个因素：

1. 物价总水平。这是维护存款人利益的重要依据。利率高于同期物价上涨率，就可以保证存款人的实际利息收益为正值；相反，如果利率低于物价上涨率，存款人的实际利息收益就会变成负值。因此，看利率水平的高低不仅要看名义利率的水平，更重要的是还要看是正利率还是负利率。

2. 国有大中型企业的利息负担。长期以来，国有大中型企业生产发展的资金大部分依赖银行贷款，利率水平的变动对企业成本和利润有着直接的重要的影响，因此，利率水平的确定，必须考虑企业的承受能力。例如，2012年至2015年，中国人民银行先后七次降低存贷款利率，仅2015年就先后三次降息，极大地减少了企业贷款利息的支出。

3. 国家财政和银行的利益。利率调整对财政收支的影响，主要是通过影响企业和银行上交财政税收的增加或减少而间接产生的。因此，在调整利率水平时，必须综合考虑国家财政的收支状况。银行是经营货币资金的特殊企业，存贷款利差是银行收入的主要来源，利率水平的确定还要保持合适的存贷款利差，以保证银行正常经营。

4. 国家政策和社会资金供求状况。利率政策要服从国家经济政策的大局，并体现不同时期国家政策的要求。与其他商品的价格一样，利率水平的确定也要考虑社会资金的供求状况，受资金供求规律的制约。

此外，期限、风险等其他因素也是确定利率水平的重要依据。一般来讲，期限越长，利率越高，风险越大，利率越高；反之，则利率越低。随着我国经济开放程度的提高，国际金融市场利率水平的变动对我国利率水平的影响将越来越大，在研究国内利率问题时，还要参考国际上的利率水平。

5.
货币政策这只"大手"

货币政策调节的对象是货币供应量,即全社会总的购买力,具体表现形式为:流通中的现金和个人、企事业单位在银行的存款。

货币政策是通过政府对国家的货币、信贷及银行体制的管理来实施的。货币政策的性质(中央银行控制货币供应,以及货币、产出和通货膨胀三者之间联系的方式)是宏观经济学中最吸引人、最重要、也最富争议的领域之一。一国政府拥有多种政策工具用来实现其宏观经济目标。其中主要包括:

1. 由政府支出和税收所组成的财政政策。财政政策的主要用途是:通过影响国民储蓄以及对工作和储蓄的激励,从而影响长期经济增长。

2. 货币政策由中央银行执行,它影响货币供给。通过中央银行调节货币供应量,影响利息率及经济中的信贷供应程度来间接影响总需求,以达到总需求与总供给趋于理想的均衡的一系列措施。货币政策分为扩张性的和紧缩性的两种。

货币政策包括狭义的货币政策和广义的货币政策。狭义货币政策:指中央银行为实现既定的经济目标(稳定物价、促进经济增长、实现充分就业和平衡国际收支)运用各种工具调节货币供给和利率,进而影响宏观经济的方针和措施的总称；广义货币政策：指政府、中央银行和其他有关部门所有有关货币方面的规定和采取的影响金融变量的一切措施（包括金融体制改革，也就是规则的改变等）。

　　狭义的货币政策和广义的货币政策的不同主要在于后者的政策制定者包括政府及其他有关部门，他们往往影响金融体制中的外生变量，改变游戏规则，如硬性限制信贷规模、信贷方向，开放和开发金融市场。前者则是中央银行在稳定的体制中利用贴现率、准备金率、公开市场业务达到改变利率和货币供给量的目标。目前中国实行的是适度宽松的货币政策和积极的财政政策。

　　积极的货币政策是通过提高货币供应增长速度来刺激总需求，在这种政策下，取得信贷更为容易，利息率会降低，因此，当总需求与经济的生产能力相比很低时，使用扩张性的货币政策最合适；消极的货币政策是通过削减货币供应的增长率来降低总需求水平，在这种政策下，取得信贷较为困难，利息率也随之提高，因此，在通货膨胀较严重时，采用消极的货币政策较合适。

　　货币政策调节的对象是货币供应量，即全社会总的购买力，具体表现形式为：流通中的现金和个人、企事业单位在银行的存款。流通中的现金与消费物价水平变动密切相关，是最活跃的货币，一直是中央银行关注和调节的重要目标。根据央行定义，货币政策工具库主要包括公开市场业务、存款准备金、再贷款或贴现以及利率政策和汇率政策等。从学术角度，它大体可以分为数量工具和价格工具。价格工具集中体现在利率或汇率水平的调整上。数量工具则更加丰富，如公开市场业务的央行票据、准备金率调整等，它聚焦于货币供应量的调整。

　　货币政策的最终目标，指中央银行组织和调节货币流通的出发点和归宿，它反映了社会经济对货币政策的客观要求。货币政策的最终目标一般有四个：稳定物价、充分就业、促进经济增长和平衡国际收支等。

1. 稳定物价目标：中央银行货币政策的首要目标，而物价稳定的实质是币值的稳定。所谓币值，原指单位货币的含金量，在现代信用货币流通条件下，衡量币值稳定与否，已经不再是根据单位货币的含金量，而是根据单位货币的购买力，即在一定条件下单位货币购买商品的能力。它通常以一揽子商品的物价指数，或综合物价指数来表示。目前各国政府和经济学家通常采用综合物价指数来衡量币值是否稳定。物价指数上升，表示货币贬值；物价指数下降，则表示货币升值。稳定物价是一个相对概念，就是要控制通货膨胀，使一般物价水平在短期内不发生急剧的波动。衡量物价稳定与否，从各国的情况看，通常使用的指标有三个：一是GNP（国民生产总值）平均指数，它以构成国民生产总值的最终产品和劳务为对象，反映最终产品和劳务的价格变化情况；二是消费物价指数，它以消费者日常生活支出为对象，能较准确地反映消费物价水平的变化情况；三是批发物价指数，它以批发交易为对象，能较准确地反映大宗批发交易的物价变动情况。

需要注意的是，除了通货膨胀以外，还有一些属于正常范围内的因素，如季节性因素、消费者嗜好的改变、经济与工业结构的改变等等，也会引起物价的变化。总之，在动态的经济社会里，要将物价冻结在一个绝对的水平上是不可能的，问题在于能否把物价控制在经济增长所允许的限度内。这个限度的确定，各个国家不尽相同，主要取决于各国经济发展情况。另外，传统习惯也有很大的影响。有人认为，物价水平最好是不增不减，或者只能允许在1%的幅度内波动，这就是物价稳定；也有人认为，物价水平不增不减是不可能的，只要我们能把物价的上涨幅度控制在 1~2% 就算稳定了；还有人认为，物价每年上涨在 3% 左右就可以称之为物价稳定。

2. 充分就业目标：就是要保持一个较高的、稳定的就业水平。在充分就业的情况下，凡是有能力并自愿参加工作者，都能在较合理的条件下随时找到适当的工作。

充分就业，是针对所有可利用资源的利用程度而言的。但要测定各种经济资源的利用程度是非常困难的，一般以劳动力的就业程度为基准，即以失业率指标来衡量劳动力的就业程度。所谓失业率，指社会的失业人数与愿意就业的劳动力之比，失业率的大小，也就代表了社会的充分就业程度。失业，理论上讲，表示了生产资源的一种浪费，失业率越高，对社会经济增长越是不利，因此，各国都力图把失业率降到最低的水平，以实现其经济增长的目标。

3. 促进经济增长：所谓经济增长就是指国民生产总值的增长必须保持合理的、较高的速度。目前各国衡量经济增长的指标一般采用人均实际国民生产总值的年增长率，即用人均名义国民生产总值年增长率剔除物价上涨率后的人均实际国民生产总值年增长率来衡量。政府一般对计划期的实际 GNP 增长幅度定出指标，用百分比表示，中央银行即以此作为货币政策的目标。

当然，经济的合理增长需要多种因素的配合，最重要的是要增加各种经济资源，如人力、财力、物力，并且要求各种经济资源实现最佳配置。中央银行作为国民经济中的货币主管部门，直接影响到其中的财力部分，对资本的供给与配置产生巨大作用。因此，中央银行以经济增长为目标，指的是中央银行在接受既定目标的前提下，通过其所能操纵的工具对资源的运用加以组合和协调。一般地说，中央银行可以用增加货币供给或降低实际利率水平的办法来促进投资增加，或者通过控制通货膨胀率，以消除其所产生的不确定性和短期效应对投资的影响。

4. 平衡国际收支：所谓平衡国际收支目标，简言之，就是采取各种措施纠正国际收支差额，使其趋于平衡。因为一国国际收支出现失衡，无论是顺差或逆差，都会对本国经济造成不利影响，长时期的巨额逆差会使本国外汇储备急剧下降，并承受沉重的债务和利息负担；长时期的巨额顺差，又会造成本国资源使用上的浪费，使一部分外汇闲置，特别是如果因大量购进外汇而增发本国货币，则可能引起或加剧国内通货膨胀。当然，相比之下，逆差的危害尤甚，因此各国调节国际收支失衡一般着力于减少以至消除逆差。

6.
新产品也喜欢"搭便车"

> 对没有强大实力的弱势产品而言，搭强势品牌的"广告便车"是一条切实可行的策略。

搭便车理论首先由美国经济学家曼柯·奥尔逊于1965年发表的《集体行动的逻辑：公共利益和团体理论》（The Logic of Collective Action Public Goods and the Theory of Groups）一书中提出的，其基本含义是不付成本而坐享他人之利。

我们会发现，厂家经常采用搭便车策略，一些弱势产品跟进强势产品,借力"铺货",最大限度地减少新产品进入市场的阻力,使新产品快速抵达渠道的终端,从而尽快与消费者见面。对没有强大实力的弱势产品而言,搭强势品牌的"广告便车"是一条切实可行的策略。

可口可乐是全球畅销的饮料品牌,自从进入中国市场后也受到了年轻人的喜爱和欢迎,随之中国本土饮料企业娃哈哈也推出了中国人自己的可乐——非常可乐。随着可口可乐在电视、报纸媒体上的大规模宣传,非常可乐也抓住了行销机会,根据中国人自己的口味进行了调整,在一段时间内也赢得了很好的销售业绩。

为了迅速普及和推广一个品牌,很多企业都选用与品牌相适应的明星来代言,这种"名人效应"从某一方面来讲,也是一种"搭便车"。

比如,一部《继承者们》让韩国明星李敏镐红遍整个亚洲,中国大陆观众也疯狂追星。这时,雅迪电动车便看到了这个商机,邀请李敏镐作为品牌代言人。李敏镐的国际化背景以及对中国年轻时尚群体的巨大感召力,使得雅迪电动车得到了更好的传播效果,提升了知名度。这种情况在广告界十分普遍,这就是众多企业邀请当红明星作为代言人的原因。

在图书市场上同样存在搭便车的例子:比如前几年有一本《谁动了我的奶酪》畅销,市面上立即出现了《我该动谁的奶酪》、《谁也不能动我的奶酪》等一系列跟风书;又如《绝对隐私》一书,跟风的"隐私"一片,脱得光光追着让你看,哪有"隐私"可言?书倒都畅销了,手法却耐人寻味。

我们都知道"宝马"是世界知名汽车品牌,谁知这个商标竟然印在了服装、鞋帽等商品上。这就是著名的世纪宝马和德国宝马之间的驰名商标之争。2001年,德国宝马汽车公司和宝姿集团合作,由宝姿集团独家生产与销售带有BMW标志的服装,随后"宝马生活方式(BMW

Lifestyle)"进入中国。2004年,世纪宝马集团取得了"MBWL及图"商标,并将该商标使用在服装、鞋、帽等商品上。

德国宝马汽车公司认为世纪宝马集团的商标是对自己"BMW Lifestyle"系列服饰商标的刻意摹仿,属于明显的"搭便车"行为。于是,双方对簿公堂。经过北京市一中院审判,判定世纪宝马集团"MBWL及图"商标和德国宝马公司的"BMW Lifestyle"系列服饰商标,不仅整体的视觉效果近似,而且使用在类似的商品上,容易导致相关公众对商品的来源等方面产生误认,从而损害德国宝马公司以及相关公众的合法权利。因此,判决世纪宝马在"皮鞋、服装、帽"商品上撤销争议商标,在"领带"等其余商品上予以维持的裁定。

善于投机的企业总是可以充分利用外部性坐收渔翁之利,同时也正是由于便车的便利性的存在,行业的先导者在大张旗鼓地进入某个领域的时候,也应该尽量减少投机者利用自己的宣传声势搭便车的机会。"搭便车"与"反搭便车"的斗争就像一场猫与老鼠的战争,其中的妙义就在于在法律允许的范围内谁的手法更为天衣无缝、巧夺天工。

7.
税收都拿来做什么

马克思指出:"赋税是政府机器的经济基础,而不是其他任何东西。"

在国家产生的同时,也就出现了保证国家实现其职能的财政。在我国古代的第一个奴隶制国家夏朝,最早出现的财政征收方式是"贡",即臣属将物品进献给君王。当时,虽然臣属必须履行这一义务,但由于贡的数量、时间尚不确定,所以,"贡"只是税的雏形。而后出现的"赋"与"贡"不同。西周,征收军事物资称"赋";征收土产物资称"税"。春秋后期,赋与税统一按田亩征收。"赋"原指军赋,即君主向臣属征集的军役和军用品。但事实上,国家征集的收入不仅限于军赋,还包括用于国家其他方面支出的产品。此外,国家对关口、集市、山地、水面等征集的收入也称"赋"。所以,"赋"已不仅指国家征集的军用品,而且具有了"税"的涵义了。有历史典籍可查的对土地产物的直接征税,始于公元前594年(鲁宣公十五年)鲁国实行了"初税亩",按平均产量对土地征税。后来,"赋"和"税"就往往并用了,统称赋税。秦汉时,分别征收土地税、壮丁税和户口税。明朝摊丁入地,按土地征税。清末,租税成为多种捐税的统称。农民向地主交纳实物曰租,向国家交纳货币曰税。

税收是国家为满足社会公共需要,凭借公共权力,按照法律所规定的标准和程序，参与国民收入分配，强制地、无偿地取得财政收入的一种方式。马克思指出："赋税是政府机器的经济基础，而不是其他任何东西。""国家存在的经济体现就是捐税。"恩格斯指出："为了维持这种公共权力，就需要公民缴纳费用——捐税。"19世纪美国大法官霍尔姆斯说："税收是我们为文明社会付出的代价。"这些都说明了税收对于国家经济生活和社会文明的重要作用。

税收与其他分配方式相比，具有强制性、无偿性和固定性的特征，习惯上称为税收的"三性"。

1. 税收的强制性。税收的强制性是指税收是国家以社会管理者的身份，凭借政权力量，依据政治权力，通过颁布法律或政令来进行强制征收。负有纳税义务的社会集团和社会成员，都必须遵守国家强制性的税收法令，在国家税法规定的限度内，纳税人必须依法纳税，否则就要受到法律的制裁，这是税收具有法律地位的体现。强制性特征体现在两个方面：一方面税收分配关系的建立具有强制性，即税收征收完全是凭借国家拥有的政治权力；另一方面是税收的征收过程具有强制性，即如果出现了税务违法行为，国家可以依法进行处罚。

2. 税收的无偿性。税收的无偿性是指通过征税，社会集团和社会成员的一部分收入转归国家所有，国家不向纳税人支付任何报酬或代价。税收的这种无偿性是与国家凭借政治权力进行收入分配的本质相联系的。无偿性体现在两个方面：一方面是指政府获得税收收入后无需向纳税人直接支付任何报酬；另一方面是指政府征得的税收收入不再直接返还给纳税人。税收无偿性是税收的本质体现，它反映的是一种社会产品所有权、支配权的单方面转移关系，而不是等价交换关系。税收的无偿性是区分税收收入和其他财政收入形式的重要特征。

3. 税收的固定性。税收的固定性是指税收是按照国家法令规定的标准征收的，即纳税人、课税对象、税目、税率、计价办法和期限等，都是税收法令预先规定了的，有一个比较稳定的试用期间，是一种固定的连续收入。对于税收预先规定的标准，征税和纳税双方都必须共同遵守，非经国家法令修订或调整，征纳双方都不得违背或改变这个固定的比例或数额以及其他制度规定。

税收的三个基本特征是统一的整体。其中，强制性是实现税收无偿征收的强有力保证，无偿性是税收本质的体现，固定性是强制性和无偿性的必然要求。税收的职能和作用是税收职能本质的具体体现。一般来说，税收具有以下几种重要的基本职能：

1. 组织财政收入。税收是政府凭借国家强制力参与社会分配、集中一部分剩余产品（不论货币形式或者是实物形式）的一种分配形式。组织国家财政收入是税收原生的最基本职能。

2. 调节社会经济。政府凭借国家强制力参与社会分配，必然会改变社会各集团及其成员在国民收入分配中占有的份额，减少了他们可支配的收入，但是这种减少不是均等的，这种利益得失将影响纳税人的经济活动能力和行为，进而对社会经济结构产生影响。政府正好利用这种影响，有目的地对社会经济活动进行引导，从而合理调整社会经济结构。

3. 监督管理社会经济活动。国家在征收取得收入过程中，必然要建立在日常深入细致的税务管理基础上，具体掌握税源，了解情况，发现问题，监督纳税人依法纳税，并同违反税收法令的行为进行斗争，从而监督社会经济活动方向，维护社会生活秩序。

税收的作用就是税收职能在一定经济条件下，具体表现出来的效果。税收的作用具体表现为能够体现公平税负，促进平等竞争；调节经济总量,保持经济稳定;体现产业政策,促进结构调整;合理调节分配,促进共同富裕;维护国家权益,促进对外开放等。为了强化税收的宏观调控能力,充裕财政收入,促进经济结构和资源合理配置,保护我国在国际市场的利益,持续、快速、健康地发展国民经济,我国在社会主义市场经济条件下,应综合运用以下原则:充裕财政收入,强化宏观调控能力原则;公平税负,鼓励竞争原则;调节经济,优化经济结构原则;调节收入分配,促进共同富裕原则;国家集中管理和合理划分原则;规范、效率和简化、便利原则。

8. 市场经济下的政府干预

> 政府与市场共同存在于现代社会中,两者已形成不可分离的共生关系。

在现代社会经济中,政府不仅承担着保卫国家的主权职能,保障社会安定的社会职能,更重要的是,国家还承担着经济管理职能,或称为经济职能。而且随着经济社会的发展,这一职能将会显得越来越重要。

1. 经济中不可或缺的政府。市场失灵要求政府直接参与经济或对经济进行干预,政府在经济中是不可或缺的,并且随着市场经济的发展,其经济职能将日益增强。

政府与市场共同存在于现代社会中,两者已形成不可分离的共生关系。理想的政府与市场应该是都可以进行资源的优化配置，实现"帕累托最优"的，但社会是复杂的。在复杂的现代社会中，没有市场的政府和没有政府的市场都是无法想象的。离开了市场，现代社会将难以持续健康地发展；离开了政府，市场正常运作的制度前提也将无法保障。现代市场制度得以确立的产权保护、损害赔偿等规则，公平有效的竞争环境，仅仅靠市场交易双方的合同约定和自我保护是远远不够的，具有强制力的政府是提供相应制度安排的最重要的制度供给者。当然应该注意，政府与市场之间的这种共生关系不应是亲密无间的，而应该保持一定的距离。政府和市场所涉及的具体社会领域是不完全相同的，它们的原则各异，目标亦不相同。如果二者界限不清，那么不仅无法相得益彰，而且，反而既会破坏政府的原则，又会破坏市场的原则，有损于公平，无益于效率。因而，政府与市场应在各自的运作原则和作用范围内，相互促进、共同协调地推动经济的发展。

市场经济条件下，政府的经济职能在日益加强，这是现代社会经济发展的必然要求。市场经济以其信息利用的完全和价格机制的激励创造了巨大的机会和持续的物质增长，但这种发展却并不意味着政府职能的削减。一定社会中共生的市场与政府，并非是一方越有效便可以简单地替代另一方，相反，越发达的市场机制越要求高效率、高素质的政府调节。因为市场越完善、越有效，其自身历史的现实的所不能采取作用的领域越明确，政府调节的针对性便越强。特别是随着经济的发展，总会不断提出新的问题，对于这些新问题，已经发育起来的市场总有不适应的方面，因而总会要求不断引入并完善政府调节。市场经济发展要求政府提供的东西更多，而不是更少。市场经济下的政府不一定就小，而关键在于其执行的职能要高效而有力。

2. 政府职能的界定。现代市场经济是市场调节与政府作用有机结合的经济，市场调节的效率，政府作用的优劣，都取决于政府职能的准确界定。高效有力的政府管理是市场正常运行的必要保障。

市场经济中的政府调节应着重总量调节。由于市场竞争的盲目性、分散性以及市场机制的不完备，总供给与总需求之间的不均衡成为一种常态，必须引入政府调节以减少不必要的代价。另外，对于一些生命周期长，又关系国计民生的产品生产，由于生命周期较长，一旦受到市场经济的严重冲击，在短期内便难以恢复，整个经济将遭受严重打击，因而需要政府采取干预。对于一些带有战略意义，同时又具有较大风险的领域部门的发展，相当大的成本和不确定的前景，也使这一部门单纯依靠市场难以实现充分发展，引入政府调节也成为必要。

市场经济中的政府调节应是第二次调节。市场调节是市场经济中第一层次上的调节，市场能够调节的政府就不必干预，而市场无力涉及，在资源配置上低效率时，则由政府再调节。当然，不是说政府的第二次调节重要性上不如市场调节，它是更高层次的调节，是总体上、全局上的调节。一般来说，现实中的市场调节以效率优先，而政府通过社会保障等方式进行的第二次调节则更为注重公平环境的营造。

政府的主要作用在于公共物品的提供上。在社会物品一定的情况下，政府提供物品的增加，就是市场生产物品的减少，政府提供物品的多少是衡量政府参与经济活动的重要指标。公共物品是人们生活享受与发展不可缺少的物质内容，作为外部性的极端例子，市场往往体现出提供的不足，这就需要政府发挥作用。国防、司法以及公共设施等纯粹公共物品由政府提供以增进国民福利，而对于准公共物品，特别是无排他性，但却有竞争性的准公共物品的存在，因竞争性使得在对此类物品消费的增加必然使得其他人的消费减少,影响其效率的实现。此外,由政府提供此类物品,效用最大化驱动下的个人可能对其漠不关心,过度使用,从而引发对公共物品的损害,因而,生产力尚不充分发达期间,政府提供"非竞争性"和"非排他性"定义下的纯粹公共物品为宜。

"知识时代"的政府其意义更为重大。世纪之交,以人工智能产品为支撑的知识经济已初见端倪。它的出现引发了人类整个社会结构、思维结构、经济结构的根本变化。在知识经济时代,由于知识分工和知识分散在广阔的背景下相互影响,政府作用在一些新的领域必会加强。由于知识本身信息化的要求,其在传播中可能会发生扭曲,一些特殊利益集团出于个别的目的,在决策中迟缓而保守,在知识分工深化的时代,这将使信息越发的不对称、不完善,信息在传播中失真,利益集团则会因拥有"垄断"优势达到超额利润。这时则需政府加强其追求扩大公共利益的倾向,推动共同利益群体的产生。另外,政府也有必要建立激励体系,最大可能地将信息转化为一种公共物品,以此减少信息不全带来的损失,尽可能实现"帕累托最优"的理想状态。

在现代经济社会中,经济不再是纯粹的市场与政府的选择,而常常是两者不同组合的选择。在历史的发展进程中,人类选择了市场,但市场经济的建立和发展却必然以高效的政府管理为依托,政府作用的加强成为了现代经济的显著特征。竞争有序的市场建立,大量基础设施的提供,科技发展的推动,政策计划的制定,还有市场经济的可持续发展,这一切都必须有赖于政府积极有效的调节和干预。

9.
坚持效率优先原则是必然的

> 一个有效率的社会,其资源配置、管理体制、运作机制应该是合理的、公正的。

公平指人与人的利益关系及利益关系的原则、制度、做法、行为等都合乎社会发展的需要。公平是一个历史范畴,不存在永恒的公平。不同的社会,人们对公平的观念是不同的。公平观念是社会的产物,按其所产生社会历史条件和社会性质的不同而有所不同。公平又是一个客观的范畴,尽管在不同的社会形态中,公平的内涵不同。不同的社会、不同的阶级,对公平的理解是不同的,但公平具有客观的内容,公平是社会存在的反映,具有客观性。

效率指资源投入和生产产出的比率。人类任何活动都离不开效率问题,人作为智慧动物,其一切活动都是有目的的,是为了实现既定的目标。在实现目标的过程中,有的人投入少,但实现的目的多,即我们所说的事半功倍,而有的人投入很大,但实现的目的少,或者实现不了其目标,即我们所说的事倍功半,前者是高效率,后者是低效率。所以效率就是人们在实践活动中的产出与投入之比值,或者叫效益与成本之比值,如果比值大,效率就高,也就是效率与产出或者收益的大小成正比,而与成本或投入成反比,也就是说,如果想提高效率,必须降低成本投入，提高效益或产出。

效率与公平的关系是辩证统一的。一个有效率的社会，其资源配置、管理体制、运作机制应该是合理的、公正的；同样，一个公正的社会，其资源一定能得到合理的配置，人的积极性、创造性才能得到最大限度的发挥。效率的提高有助于公平的实现，社会的公平也有助于效率的提高。但是，在现实生活中，效率与公平没有能够很好地协调起来，矛盾就突出。追求公平，效率就打折扣；追求效率，公平便有失公允。其结果，必将影响经济的发展、社会的稳定。因此，强调坚持注重效率与维护社会公平相协调显得非常重要。在处理公平和效率的关系时，我们要坚持效率优先的原则。

处理公平与效率的关系应该是效率优先。因为公平与效率总的来说是一致的，所以，实行效率优先原则就意味着是公平的、合理的。所谓效率优先原则就是指分配制度、分配政策要以促进生产力发展和社会经济效率为首要目标，发展社会主义市场经济，深化经济体制改革，我们必须把效率作为优先考虑的价值目标。

效率优先原则意味着人们以经济建设为中心，以实现生产力的发展为目标，这样，效率提高了，生产上去了，社会财富增多了，人们享有的社会公平就更多了。生产力的发展是衡量一切社会进步与否的标准，由于效率属于现实生产力范畴，公平属于生产关系和上层建筑范畴，因而从效率与公平在社会发展因素的序列中的一般关系来看，效率优先是必然的，兼顾公平是必要的，因而是合理的。人类社会进步的因素中，生产力的作用是巨大的，生产效率的提高推动社会的进步，随着社会由低级向高级的进步和发展，社会公平实现得越来越充分。宏观地看，生产效率越低下，社会公平实现得就越不充分，人们就越缺少自由、民主、公平；反之，生产效率越高，社会财富越丰富，在社会物质文明增强的基础上构建的人类社会秩序就越完善，人们所享有的自由、民主、公平就越充分，能实现自我、完善自我的机会也就越多，为社会创造的财富越多，产生的效率就越大，所以，在二者的关系中要以效率为先，兼顾公平。

我们是社会主义国家，坚持效率优先原则是必然的。我们作为社会主义国家，根本任务就是解放生产力，消灭剥削和两极分化，最终目的实现共同富裕。生产力的发展必须通过效率的提高，只有生产发展了，效率提高了，才能逐步消灭剥削，消除两极分化，实现共同富裕，达到真正的公平。所以，把效率优先放在第一位，最大限度地提高经济效率，这是社会主义本质所要求的，而且，坚持效率优先原则是公平能够实现的物质基础，只有社会物质丰富，才能增进社会公平，如果效率低下，物质财富严重缺乏，就不能实现真正公平。

没有生产的发展，没有效率，就没有公平赖以实现的物质基础。要以效率为先，只有以效率为先才能提供公平的物质基础，没有效率，公平只是一句空话。

当今，我国实行的是社会主义市场经济体制，实行社会主义市场经济体制要改变的是我国原有的经济体制中高度集中的计划经济体制，在原来的计划经济体制中，资源的配置是通过国家的行政部门用计划调节的，它导致了我国社会经济运行的低效率，而在社会主义市场经济体制条件下，经济运行以市场为轴心，实行竞争机制和优胜劣汰的法则使生产效率得以提高。如果一个企业效率好，就会发展壮大，如果效率不好，就会日益衰落乃至被淘汰出局。优胜劣汰，适者生存，效率有限原则是符合这一市场经济规律的。

市场经济充满活力，其重要原因就是在竞争中机会公平，效率优先。

对于企业来说，在竞争中，在同一市场条件下，效率是决定企业生存和发展的关键，所以应以效率为先。企业在制定发展战略时要根据市场需求制定切实可行的营销战略，在企业内部，要尽可能降低成本，提高产品质量，充分挖掘人力资源，调动员工的积极性，从而提高效率。企业的效率好，才能在激烈的市场竞争中处于优势。

公平促进效率，有利于效率的实现，效率为公平的实现提供了物质基础，二者是一致的。在我们建设社会主义市场经济的今天，要使每个人都享有平等的参与竞争，平等的劳动就业机会，在同一起跑线上开始竞争，个人的分配、收入要与个人所投入的努力达到一种比例上的动态平衡——多劳多得。反对那种小生产者的绝对平均主义的平等观，提倡多劳多得，国家在实施政策时要以效率为先，以发展生产力，提高人民生活水平为最终目标，但要兼顾公平，国家通过各种办法，用政策加以调节，倾斜于弱势群体，给其以平等的机会参与竞争，参与国家的经济建设，以提高经济效率。总之，在公平与效率之间，既不能只强调效率忽视了公平，也不能因为公平而不要效率，应该寻求一个公平与效率的最佳契合点，实现效率，促进公平。

第五章
你不理财，财就不会理你
——让自己的资金越滚越大

懂得投资理财的人必然能够使自己手中的资金像雪球一样越滚越大，懂得理财的人才能过上更好的生活。常见的投资理财主要有股票投资、基金投资、房产投资、黄金投资和保险。

1.
储蓄还是投资

> 理财的关键是合理计划、使用资金，使有限的资金发挥最大的效用。

个人理财是指根据财务状况，建立合理的个人财务规划，并适当参与投资活动。个人理财的投资包括：股票、基金、国债、储蓄等八个内容。普通老百姓，也就是想利用手中有数的几个钱，借助银行储蓄得几个利息，或者是参加国债回购，利率稍高些，再就是参加银行担保的信托理财，但似乎门槛高（起存5万）。买国债也是好办法。如果你的钱可长期不动，就可以称为资金，那么你就投资长期国债。最好自己设个期限，假设为3年，那你按照国家国债发行计划，每月去购买一些。时间长了，最好形成滚动循环状态，坚持3年后，你享受到的就是月月收较高利息。理财的关键是合理计划、使用资金，使有限的资金发挥最大的效用，要具体做好以下几方面：

1. 学会节流。工资是有限的，没必要花的钱要节约，只要节约，一年还是可以省下一笔可观的收入，这是理财的第一步。

2. 做好开源。有了余钱，就要合理运用，使之保值增值，使其产生较大的收益。

3. 善于计划。理财的目的，不在于要赚很多很多的钱，而是在于使将来的生活有保障或生活得更好（所以说理财不只是有钱人的事，工薪阶层同样需要理财），善于计划自己的未来需求对于理财很重要。

4. 合理安排资金结构。在现实消费和未来的收益之间寻求平衡点，这部分工作可以委托专业人士给自己设计，以此作参考。

5. 根据自己的需求和风险承受能力考虑收益率。高收益的理财方案不一定是好方案，适合自己的方案才是好方案，因为收益率越高，其风险就越大。适合自己的方案是既能达到预期目的，风险最小的方案，不要盲目选择收益率最高的方案。第一步，回顾自己的资产状况。包括存量资产和未来收入的预期，知道有多少财可以理，这是最基本的前提；第二步，设定理财目标。需要从具体的时间、金额和对目标的描述等来定性和定量地理清理财目标；第三步，弄清风险偏好是何种类型。不要做不考虑任何客观情况的风险偏好的假设，比如说很多客户把钱全部都放在股市里，没有考虑到父母、子女，没有考虑到家庭责任，这个时候他的风险偏好偏离了他能够承受的范围；第四步，进行战略性的资产分配。在所有的资产里做资产分配，然后是投资品种、投资时机的选择。

如何制订个人理财计划？

1. 确定目标。定出你的短期财务目标（1个月、半年、1年、2年）和长期财务目标（5年、10年、20年）。抛开那些不切实际的幻想。如果你认为某些目标太大了，就把它分割成小的具体目标。

2. 排出次序。确定各种目标的实现顺序。和你的家人一起讨论，哪些目标对你们来说最重要。

3. 所需的金钱。计算出要实现这些目标，你需要每个月省出多少钱。

4. 个人净资产。计算出自己的净资产。金融资产的现值减去个人债务后的资产额。

5. 了解自己的支出。回顾自己过去三个月的所有账单和费用，按照不同的类别，列出所有费用项目，对自己的每月平均支出心中有数。

6. 控制支出。比较每月的收入和费用支出，哪些项目是可以节省一点的（例如下馆子吃饭），哪些项目是应该增加的（例如保险）。

7. 坚持储蓄。计算出每个月应该存多少钱，在发工资的那一天，就把这笔钱直接存入你的银行账户。这是实现个人理财目标的关键一环。

8. 控制透支。控制自己的购买性支出。每次你想买东西之前，问一下自己：真的需要这件东西吗？没有了它就不行吗？

9. 投资生财。投资总是伴随着风险。如果你还没有足够的知识来防范风险，就应该购买国债和投资基金。

10. 保险。保险会未雨绸缪，保护你和家人的将来。健康险非常重要，如果你失去工作能力，就无法赚钱。财产保险对家庭财产占个人资产比重较大的人尤其重要。试想一下，如果遭受火灾，重新购置服装、家具、电视等等，总共需要多少钱？

11. 安家置业。拥有自己的房子可以节省你的租金费用。现在就开始为买房子的首付做准备吧。

理财规划的核心就是资产和负债相匹配的过程。资产就是以前的存量资产和收入的能力，即未来的资产。负债就是家庭责任，要赡养父母，要抚养小孩，供他上学。第二是目标，目标也变成了我们的负债，要有高品质的生活，让你的资产和负债进行动态的匹配，这就是个人理财最核心的理念。可以看出，理财规划应是每个人都必须的，并不在于目前的资产有多少。

2.
存在银行的钱为什么缩水了

> 存在银行的钱所得的利息赶不上钱贬值的速度。也就说，我存在银行的钱不仅没有增加，反而随着物价的上涨缩水了。

负利率即是通货膨胀率高于银行存款利率，如：通货膨胀率为10%，存款利率为3%，那么你存入银行的钱会在次年缩水7%。如果在过去一年，你既没有买房又没有炒股，连基金也没有买一份，而只把钱存在了银行里，你会发现自己的财富不但没有增加，反而随着物价的上涨缩水了。这也就是所谓的存款实际收益为"负"的负利率的现象。存在银行的钱所得的利息赶不上钱贬值的损失。2015年10月，央行降低存款利率后，一年期存款的基准利率仅1.5%。如果你拿出10万元存一年定期，一年后本息是101500元，而当时的居民消费价格指数（CPI）为1.6%，物价以1.6%的速度上涨，也就是说今年需要10万元可以买到的商品明年需要花费101600元。这表明你的10万元存款在一年后不仅没有升值，反而缩水了100元。

所谓负利率，即物价指数（CPI）快速攀升，导致银行存款利率实际为负。存银行的利率还赶不上通货膨胀率就成了负利率。

实际利率 = 名义利率 – 通货膨胀率

负利率 = 银行利率 - 通货膨胀率（就是经常听到的 CPI 指数）

如果银行利率没有高过通货膨胀率，那么这就意味着存款者财富缩水。显然，通货膨胀是导致负利率的"罪魁祸首"。通货膨胀将给人们的理财生活带来什么影响呢？专家认为，适度的通货膨胀其实对经济的发展有利有弊，对个人而言其实也是有人吃亏、有人得利。

固定收入者吃亏，浮动收入者得利。由于通货膨胀的作用，固定收入者的实际收入将减少，尤其是退休人员的实际购买力将受到影响。而对于企业里工作的人来说，如果产品价格比工资、原材料价格等上涨得更快，他们反而是得利者。

债权人吃亏，债务人得利。由于通货膨胀是一个持续的过程，如果今天向别人借了 1 万元，3 年期，等到 3 年后 1 万元早就贬值了。

货币财富持有者受损，实际财富持有者得利。这里所说的货币财富指的是现金、银行储蓄、债券等，它们的实际价值将会降低。这里所说的实际财富是指不动产、贵金属（黄金、白银等）、珠宝、古董、艺术品、股票等，拥有这些反而可能因为通货膨胀而获得价格的快速上涨。

负利率时代的到来，对于普通老百姓尤其是热衷于储蓄的人来说，是不情愿却又不得不接受的事实。当前居民储蓄不会受利率过低的影响。从居民储蓄的动机看，大多数普通百姓把有限的资金放到银行，并不是为了追求投资回报才储蓄，而是出于谨慎的需要储蓄，是为了将来养老、医疗和子女的教育等，或者是预防突发性事情的发生，如果是买房、买车等大额消费，也是要靠储蓄逐渐积累。所以是"被动"储蓄，他们把安全性放在首位，现在除了银行储蓄，没有更好的选择。

其实，抵御负利率的手段有很多，比如减少储蓄进行消费，多借钱多贷款，投资股票、房产等，我们更希望大家能以理性的头脑和积极的心态来进行投资，因为你的投资收益越大，抵御通货膨胀的能力也就越强。

3. 要投资，但不能盲目

> 投资是指货币转化为资本的过程。投资可分为实物投资和证券投资。

投资这个名词在金融和经济方面有数个相关的意义。它涉及财产的累积以求在未来得到收益。从技术层面上来说，这个字意味着"将某物品放入其他地方的行动"（或许最初是与人的服装或"礼服"相关）。从金融学角度来讲，相较于投机而言，投资的时间段更长一些，更趋向是为了在未来一定时间段内获得某种比较持续稳定的现金流收益，是未来收益的累积。投资具有的特点为以下几点：投资是以让渡其他资产而换取的另一项资产；投资是企业在生产经营过程之外持有的资产；投资是一种以权利为表现形式的资产；投资是一种具有财务风险的资产。

企业的投资活动可分为两类：为对内扩大再生产奠定基础，即购建固定资产、无形资产和其他长期资产支付的现金；对外扩张，即对外股权、债权支付的现金。

没有投资就没有发展，投资是寻找新的赢利机会的唯一途径，也贯穿于企业经营的始终：新建项目的投资、扩建项目的投资、技术改造的投资、参股控股的投资。每一项投资都蕴含着新的希望，每一次投资都面临着无尽的风险——尤其对民营企业而言，一次投资失误也许就意味着企业的一蹶不振。

对投资者而言，一个未知的行业就像遥远沙漠上空美丽的海市蜃楼，因为遥远而显得美丽。只有穿越之后，才知道美丽的远景只是各种光线融汇而成的图景而已。优惠政策、垄断行业的高利润高回报、高新技术等，对准备进入和新进入者而言，如果没有实实在在的调查研究和充分的风险准备，都只能是一道美丽的幻影。

政策机会是中国企业最青睐的投资方向之一，从世界范围来看，政策方向的调整、新政策的出台对相关产业也具有巨大的影响，甚至成就了很多知名跨国企业。中国沿海大量民营企业也就是充分利用了国家改革开放政策的机会，形成了中国最具活力的经济区域。但对政策性机会的盲目追求却常使投资者在毫无准备的时候，一步一步踏进政策性投资陷阱中。要避开政策性陷阱，重要的是不要过分依赖政策。在国内投资的外商投资企业中，新加坡、韩国投资商遭遇政策陷阱而失败的多，欧美企业相对较少，主要原因是欧美企业在投资过程中，较少受优惠政策吸引，而更多地看该地的市场环境及项目本身在该地的市场前景。

企业是市场中的动物，只能在市场链条中生存。市场的生态环境一旦被破坏，企业的生存就岌岌可危了。在企业的投资行为中，垄断部门的市场壁垒是一个极大的投资陷阱。现在很多投资者仍然热衷于与垄断行业做生意甚至力图进入垄断行业，他们看到了垄断行业丰厚的利润、稳定的回报，却忽视了即将遭遇的非市场竞争的坚冰。垄断行业要保住自身利益，将会动用各种力量对新进入者进行全力阻击，利用现存不公正制度是最常见的手段，如利用政府补贴进行降价、利用计划经济时制订的标准进行经营方面的限制等。要破除这些坚冰，所需付出的额外成本非常之高，不具备一定实力的投资者不能承受，即使具备了这种实力，在以后的经营过程中能否消化这些成本也未可知。

目前这类非市场竞争陷阱在市政环保、自来水、影视、教育、天然气、电信、银行等垄断性行业及律师事务所、审计师事务所、会计师事务所等中介行业中均不同程度地存在着，如最近券商为上市公司实行配股包销使券商们"变成了股东"，纷纷陷入资金紧张或赔本甩卖的案例，与其说是激烈的市场竞争使然，不如说是券商与上市公司之间不平等的地位造成的。

传统产业竞争的白热化，市场发展的超速度，使人们不得不将目光投向一个个未知的领域——未知意味着领先一步。但这样往往在不知不觉中踏入求新求异的陷阱。投资中的求新求异成为企业面临的二律悖反难题：不求新求异是等死，但求新求异也许是找死。

新的经济形式其实就像实验室中的新产品，可能会给投资者带来巨大的利益，但与成熟产品相比，其风险程度太大。尤其是对实验产品进行规模化生产，一旦失败损失将难以估量。同时，求新求异的盲目投资常常使企业陷入一些新型管理理念的陷阱，因为求新求异往往容易使人产生对"新事物"的盲目崇拜。

4.
企业景气指数反映经济活跃程度

> 景气是对经济发展趋势的一种综合性描述,用于说明经济活跃的程度。

所谓经济景气,是指总体经济呈上升发展趋势,呈现市场繁荣、经济总量增长速度加快的景气状态。经济不景气是指总体经济呈下滑的发展趋势,绝大部分经济活动处于收缩或半收缩状态,表现出市场疲软、经济增长速度停滞或迟缓、许多企业破产倒闭、失业人数增加等现象。

景气循环又称经济波动,也称经济周期。经济周期分为古典周期和现代周期。一个标准的经济周期通常包括扩张和收缩两个时期,它们又可以各自分解为两个阶段,因此,景气循环可以分为四个阶段:复苏、高涨、衰退和萧条。经济的景气状态是通过一系列经济指标来描述的,称为景气指标。

企业景气指数是根据企业家通过对本企业综合生产经营情况的判断与预期(通常为对"好"、"一般"、"不佳"的选择)而编制的景气指数,用以综合反映企业的生产经营状况。景气指数又称为景气度,它是对景气调查中的定性问题通过定量方法加工汇总,综合反映某一特定调查群体或某一社会经济现象所处的状态或发展趋势的一种指标。景气指数的数值介于 0 和 200 之间,100 为景气指数的临界值。当景气指数大于

100时，表明所处状况趋于上升或改善，处于景气状态，越接近200状态越发好；当景气指数小于100时，表明所处状况趋于下降或恶化，处于不景气状态，越接近0，状态越差。

企业景气调查20年代起源于西方国家，此后在世界范围内得到了迅速的推广和普及。1994年8月起，国家统计局开始进行企业景气调查工作，调查主要是借助信息公司的技术力量，开展对工业和建筑业企业直接问卷调查。全国范围的企业景气调查于1998年在统计系统正式进行，由国家统计局各级企业调查队组织实施。

1. 企业景气调查的概念及特点。企业景气调查是通过对部分企业负责人定期进行问卷调查，并根据他们对企业经营状况及宏观经济环境的判断和预期来编制景气指数，从而准确、及时地反映宏观经济运行和企业经营状况，预测经济发展的变动趋势的一种调查统计方法。它是适应我国社会主义市场经济发展的新形势，借鉴西方国家的经验而建立起来的一项进行事前统计的调查制度，它增强了统计服务时效性、扩大统计服务范围，它是提高统计服务质量的一种新的调查工作。

企业景气调查以问卷为调查形式，以定性为主、定量为辅，定性与定量相结合的景气指标为体系，以对企业的宏观经济环境判断和微观经营状况判断相结合的意向调查为内容。其信息具有较高的超前性、客观性、可靠性和连续性，无论在时间上还是在指标设置上都弥补了传统统计方法的不足。

2. 企业景气调查的范围及对象。调查范围为：采矿业；制造业；电力、燃气及水的生产和供应业；建筑业；交通运输、仓储及邮政业；批发和零售业；房地产业；社会服务业；信息传输、计算机服务和软件业；住宿和餐饮业。调查对象为：上述调查范围内的全部大型及以上和部分抽中的中小型法人企业及其负责人。

3. 企业景气调查的内容。企业景气调查包括企业基本情况；企业负责人对本行业景气状况的判断，包括企业负责人对当前本行业景气状况的判断、对下期本行业的景气状况的预计等；企业负责人对企业生产经营景气状况的判断，包括对本期企业的生产成本、产销总量、价格、库存、资金、盈利、用工、投资及综合生产经营情况等景气状况的判断和下期景气状况的预计。因为同行业的企业所反映企业生产经营景气状况的内容不同，故对不同行业所设置的反映企业生产经营景气状况的指标也不同。企业负责人对企业生产经营问题的判断，包括对目前本企业生产经营中的问题和生产经营的重点判断，以及企业对政府经济管理部门的要求等。

5.
你知道哪些金融商品

金融工具又称交易工具或金融商品，它是证明债权债务关系并据以进行货币资金交易的合法凭证，是货币资金或金融资产借以转让的工具。

金融商品也可以称为金融工具，是指在信用活动中产生的能够证明资产交易、期限、价格的"书面文件"，它对于债权债务双方所应承担的义务与享有的权利均有法律约束意义。它的分类如下：

1. 按期限长短划分：有货币市场金融工具和资本市场金融工具。前者期限短，一般为1年以下，如商业票据、短期公债、银行承兑汇票、可转让大额定期存单、回购协议等；后者期限长，一般为1年以上，如股票、企业债券、国库券等。

2. 按发行机构划分：有直接融资工具和间接融资工具。前者如政府、企业发行或签署的国库券、企业债券、商业票据、公司股票等；后者如银行或其他金融机构发行或签发的金融债券、银行票据、可转让大额定期存单、人寿保险单和支票等。

3. 按投资人是否掌握所投资产品的所有权划分：可分为债权凭证与股权凭证。

4. 按金融工具的职能划分：有股票、债券等投资筹资工具和期货合约、期权合约等保值投机工具等。金融工具是指在金融市场中可交易的金融资产，不同形式的金融工具具有不同的金融风险，用来证明融资双方权利义务的条约。

金融工具又称交易工具，它是证明债权债务关系并据以进行货币资金交易的合法凭证，是货币资金或金融资产借以转让的工具。国际会计准则委员会第32号准则对金融工具定义如下："一项金融工具是使一个企业形成金融资产，同时使另一个企业形成金融负债或权益工具（Equity Instrument）的任何合约。"这一定义将基本金融工具也包括在内，但更侧重于表达衍生工具的特征。第32号准则对定义中的金融资产、金融负债和权益工作做了列举说明：

1. 金融资产泛指如下任何一类资产：①现金；②合约规定的从另一企业收到现金或其他金融资产的权利；③合约规定的在潜在有利条件下与另一企业交换金融工具的权利；④另一个企业的权益工具。

2. 金融负债泛指如下任何一项负债：①合约规定的转移现金或其他金融资产给另一企业的义务；②合约规定的不利的条件下，与另一企业交换金融工具的义务。

美国财务会计准则委员会颁布的第 105 号财务准则公告（SAS105）指出，金融工具包括现金，在另一企业的所有权益（Ownership Inc）以及如下两种合约：①某一个体向其他个体转交现金或其他金融工具，或在潜在的不利条件下与其他个体交换金融工具的合约规定的义务；②某一个体从另一个体收到现金或其他金融工具的合约规定的权利。

一项资产，在未来可能的惠益是收到商品或劳务，而不是收到现金或其他个体的所有者权益，则不是金融工具，如预付账款和预付费用。同样，一项负债，其未来可能的代价是转移商品或劳务，而不是转交现金或另一企业的所有者权益，也不是金融工具，如预收账款、递延收及产品质量担保义务，含有用一项金融工具交换实物资产的权利或义务的期权和远期合约不是金融工具。比如，企业 A 向企业 B 购买一定数量的产品并签订了一项购销合同，合同规定，一年后企业 B 向企业 A 交付商品，而企业 A 在交货日向企业 B 支付货款。这一远期合约就不是金融工具；可能在将来需要企业支付现金但尚未从合约中产生的或有事项，也不是金融工具。

6. 股票投资，高收益的背后蕴含着高风险

> 股票投资具有高风险、高收益的特点。我们在选择股票产品时应该保持理性。

股票投资是指企业或个人用积累起来的货币购买股票，借以获得收益的行为。

1. 股票投资的收益。股票投资的收益是由"收入收益"和"资本利得"两部分构成的。收入收益是指股票投资者以股东身份，按照持股的份额，在公司盈利分配中得到的股息和红利的收益；资本利得是指投资者在股票价格的变化中所得到的收益，即将股票低价买进、高价卖出所得到的差价收益。

2. 股票投资的成本。股票投资的成本是由机会成本与直接成本两部分构成的。当投资者打算进行投资时面临着多种选择，如选择了股票投资，就必然放弃其他的投资，即放弃了从另外的投资中获取收益的机会，这种因选择股票投资而只好放弃别的投资获利机会，就是股票投资的机会成本；直接成本是指股票投资者花费在股票投资方面的资金支出，它由股票的价格、交易费用、税金和为了进行有效的投资，取得市场信息所花费的开支四部分构成。

股票价款 = 委托买入成交单位 × 成交股数

交易费用是指投资者在股票交易中需交纳的费用，它包括委托买卖佣金、委托手续费、记名证券过户费、实物交割手续费。目前国内买卖上海股票收费标准如下：交易佣金：最高不超过成交金额的3‰，最低5元起，单笔交易佣金不满5元按5元收取。各大券商佣金自己制定，每家券商都不一样；交易手续费：A股，按成交金额的0.00696%收取；B股，按成交额双边收取0.0001%；基金，按成交额双边收取0.00975%；权证，按成交额双边收取0.0045%；过户费（仅上海股票收取）：这是指股票成交后，更换户名所需支付的费用。由于我国两家交易所不同的运作方式，上海股票采取的是"中央登记、统一托管"，所以此费用只在投资者进行上海股票、基金交易中才支付此费用，深股交易时无此费用。此费用按成交面额（每股一元，等同于成交股数）的0.06%收取；实物交割手续费：因为上海证券交易所在证券交易活动中推行无实物交割制度，但目前还有部分投资者买入证券后要提领实物，这样证券交易所必须为投资者繁复地提领证券，增加了许多工作量。为此，上海证券交易所规定，要提领实物的投资者要交纳相当于委托买卖佣金50%的费用；相反地，如不提取实物，证交所则代投资者免费保管。

根据我国现行税务规定：在股票交易中对买卖当事人双方各按股票市值付印花税，即成交金额的1‰。2008年9月19日至今由向双边征收改为向出让方单边征收，受让者不再缴纳印花税。投资者在买卖成交后支付给财税部门的税收。上海股票及深圳股票均按实际成交金额的千分之一支付，此税收由券商代扣后由交易所统一代缴。债券与基金交易均免交此项税收；对股份公司股东领取的股息红利超过一年期储蓄存款利息部分收取个人收入调节税。

另外还有信息情报费：信息情报费开支包括为分析股票市场行情、

股票上市公司经营及财务状况,广泛搜集有关信息、情况资料所发生的费用开支和为搜集、储存、分析股票行情信息所添置的通讯设备、个人微机等所花费的资金。

  股票投资具有高风险、高收益的特点。理性的股票投资过程,应该包括确定投资政策、股票投资分析、投资组合、评估业绩、修正投资策略五个步骤。股票投资分析作为其中一环,是成功进行股票投资的重要基础。

  1. 确定投资策略。股票投资是一种高风险的投资,人们常说:"风险越大,收益越大。"换句话说,也就是需要承受的压力越大。投资者在涉足股票投资的时候,必须结合个人的实际状况,订出可行的投资政策。这实质上是确定个人资产的投资组合的问题,投资者应掌握好以下两个原则。

  风险分散原则:投资者在支配个人财产时,要牢记:"不要把鸡蛋放在一个篮子里。"与房产、珠宝首饰、古董字画相比,股票流动性好,变现能力强;与银行储蓄、债券相比,股票价格波幅大。各种投资渠道都有自己的优缺点,尽可能地回避风险和实现收益最大化,成为个人理财的两大目标。

  量力而行原则:股票价格变动较大,投资者不能只想盈利,还要有赔钱的心理准备和实际承受能力。《证券法》明文禁止透支、挪用公款炒股,正是体现了这种风险控制的思想。投资者必须结合个人的财力和心理承受能力,拟定合理的投资政策。

  2. 进行投资分析。受市场供求、政策倾向、利率变动、汇率变动、公司经营状况变动等多种因素影响,股票价格呈现波动性、风险性的特征。何时介入股票市场,购买何种股票对投资者的收益有直接影响。股票投资分析成为股票投资步骤中很重要的一个环节。股票投资分析可以分为基本分析法和技术分析法，其目的在于预测价格趋势和价值发现，从而为投资者提供介入时机和介入品种决策的依据。

3. 确立投资组合。在进行股票投资时，投资者一方面希望收益最大化，另一方面又要求风险最小，两者的平衡点，亦即在可接受的风险水平之内，实现收益最大化的投资方案，构成最佳的投资组合。

根据个人财务状况、心理状况和承受能力，投资者分别具有低风险倾向或高风险倾向。低风险倾向者宜组建稳健型投资组合，投资于常年收益稳定，低市盈率，派息率较高的股票，如公用事业股。高风险倾向者可组建激进型投资组合，着眼于上市公司的成长性，多选择一些涉足高科技领域或有资产重组题材的"黑马"型上市公司。

4. 评估投资业绩。定期评估投资业绩，测算投资收益率，检讨决策中的成败得失，在股票投资中有承上启下的作用。

5. 修正投资策略。随着时间推移，市场、政策等各种因素发生变化，投资者对股票的评价，对收益的预期也相应发生变化。在评估前一段业绩的基础上，重新修正投资策略非常必要，如此又重复进行确定投资政策、股票投资分析、确立投资组合、评估业绩的过程，股票投资的五大步骤相辅相成，以保证投资者预期目标的实现。

7. 基金是投资者的春天吗

人们在考虑家庭理财的时候，往往都会把基金作为投资对象之一。

证券投资基金是一种间接的证券投资方式。基金管理公司通过发行基金份额，集中投资者的资金，由基金托管人（即具有资格的银行）托管，由基金管理人管理和运用资金，从事股票、债券等金融工具投资，然后共担投资风险、分享收益，说白了就是专家替你理财。

根据募集方式不同，证券投资基金可分为公募基金和私募基金。公募基金，是指以公开发行方式向社会公众投资者募集基金资金并以证券为投资对象的证券投资基金，它具有公开性、可变现性、高规范性等特点；私募基金，指以非公开方式向特定投资者募集基金资金并以证券为投资对象的证券投资基金，它具有非公开性、募集性、大额投资性、封闭性和非上市性等特点。

根据能不能在证券交易所挂牌交易，证券投资基金可分为上市基金和非上市基金。上市基金，是指基金单位在证券交易所挂牌交易的证券投资基金。比如交易型开放式指数基金（ETF）、上市开放式基金（LOF）、封闭式基金；非上市基金，是指基金单位不能在证券交易所挂牌交易的证券投资基金，包括可变现基金和不可流通基金两种。可变现基金是指基金虽不在证券交易所挂牌交易，但可通过"赎回"来收回投资的证券投资基金，如开放式基金；不可流通基金，是指基金既不能在证券交易所公开交易又不能通过"赎回"来收回投资的证券投资基金，如某些私募基金。

根据运作方式的不同，证券投资基金可分为封闭式基金和开放式基金。封闭式证券投资基金，又称为固定式证券投资基金，是指基金的预定数量发行完毕，在规定的时间（也称"封闭期"）内基金资本规模不再增大或缩减的证券投资基金，从组合特点来说，它具有股权性、债权性和监督性等重要特点；开放式证券投资基金，又称为变动式证券投资基金，是指基金证券数量与基金资本可因发行新的基金证券或投资者赎回本金而变动的证券投资基金，从组合特点来说，它具有股权性、存款性和灵活性等重要特点。

根据组织形式的不同，证券投资基金可分为公司型证券投资基金和契约型证券投资基金。公司型证券投资基金，简称公司型基金，在组织上是指按照公司法（或商法）规定所设立的、具有法人资格并以营利为目的的证券投资基金公司（或类似法人机构），在证券上是指由证券投资基金公司发行的证券投资基金证券；契约型证券投资基金，简称契约型基金，在组织上是指按照信托契约原则，通过发行带有受益凭证性质的基金证券而形成的证券投资基金组织，在证券上是指由证券投资基金管理公司作为基金发起人所发行的证券投资基金证券。

在基金认购期，基金份额需在基金合同生效后才能确认。在正常工作日，投资者提出申购后的T+2（T指申请日）个工作日可查询到申购确认的份额。如果是在银行柜台买的，你可以到那去打印交割单，也可以直接到相应的基金公司网站上查询。一般基金公司网站上会有"客户登录"（或类似名称）这个输入框，在这个框中输入开户证件号码/基金账号和查询密码后即可查询，一般查询初始密码为六位，默认为开户证件号码后6位（英文字符转换为0，汉字转换为两个0）。或者也可以拨打基金公司的客服电话，根据语音提示进行基金份额查询，具体步骤请上网站自己摸索或者咨询基金公司客服。

在办理开放式基金业务时，需准确提供相关资料，并认真填写相关的表格，如您填写有误，您的申购申请有可能会被拒绝。此外，开放式基金在基金契约、招募说明书规定的情形出现时，会暂停或拒绝投资者的申购。一般包括如下情形：不可抗力；证券交易场所在交易时间非正常停市；基金管理公司认为市场缺乏合适的投资机会，继续接受申购可能对已有的基金持有人利益产生损害；基金管理公司认为会有损于已有基金持有人利益的申购；基金管理公司、基金托管银行、基金销售机构或注册登记机构的技术保障或人员支持等不充分；法律法规规定或经中国证监会认定的其他情形。暂停申购及重新开放申购时，基金管理公司都会在中国证监会指定信息披露媒体公告。

一般申购基金确认到账后即可要求赎回，但具体受理时间银行和基金公司是不同的。基金公司的网上交易平台实行买基金T+0，卖基金T+5的交易时间模式，而银行则是买卖一样。另外，对于新发行的处在封闭期内的基金，一般不能赎回。具体可致电相关部门进行询问。

基金的强制赎回主要指以下两种情况：投资者赎回时，当某笔赎回导致其在代销机构交易账户的基金单位余额少于500份时，余额部分必须一同赎回；如果投资人因其他原因（如转托管、非交易过户等），使其在代销机构的账户余额低于最低赎回份额时，允许其赎回份额低于最低赎回份额，但也必须一次全部赎回。最低赎回份额视具体基金而定。

在出现基金的巨额赎回时，基金管理人一般有两种处理方法：

1. 全部赎回。当基金管理公司认为有能力兑付投资人的全部赎回申请时，即按正常赎回程序执行，对投资人的利益没有影响。

2. 部分延期赎回。基金管理公司认为兑付投资人的赎回申请有困难，或可能引起基金资产净值的较大波动等情况下，可以在当日接受赎回比例不低于上一日基金总份额的10%的前提下，对其余赎回申请延期办理。投资人需注意，由于延期办理的赎回将按下一开放日或更后开放日的基金单位净值计价，因此在提出赎回申请时，投资者应在申请表中选择如发生巨额赎回是否延续赎回。此外，当开放式基金连续发生巨额赎回时，基金管理公司可按基金契约及招募说明书载明的规定，暂停接受赎回申请，已经接受的赎回申请可以延缓支付赎回款项，但不能超过正常支付时间20个工作日，并必须在指定媒体公告。

人们在考虑家庭理财的时候，往往都会把基金作为投资对象之一。很多人可能都会这么想，把资产的一部分投在股票上，一部分购买基金，还有一些做其他安排。所以，大家很想明确一下，这其中的比例以多少为宜？

其实，关于这个问题并没有一定的标准答案，因为每个人的收入情况、家庭资产数目以及风险承受能力、投资偏好各不相同。在进行资产配置时，各种投资对象应该占您资产（收入）的多少比例才合适，完全要结合个人的投资组合成分、比重与其他资产的配置而定。一般而言，能承受较高风险的投资者可采用较积极的投资组合，投资组合中可以选择较高的比例投资风险偏高的资产，如股票、股票型基金等；风险承受能力较低的投资人在投资组合中应以风险较低、风格稳健的资产为主，如定期存款、债券、债券型基金和货币型基金等。

由此看来，基金投资应占资产（收入）的多少百分比才合适，需要视投资组合中其他资产配置的状况而定。举例来说，如果您投资的资产中已经有相当多的股票，那么可以考虑将部分投资转换到股票型基金上，这样可以降低投资单一股票的风险，同时还可享受股票投资的收益增长，另外再搭配定期存款、债券或是债券基金、货币市场基金。若是资产配置已经相当保守，定期存款、债券占了大多数，那么可以通过增加偏股型基金的方式来提高收益率。如果您的资产配置中的投资对象，其风险收益水平过于接近的话，最好能够进行相应的调整，将资金分配在不同风格的投资对象上。

可以这么说，基金其实只是一种投资方式，故而投资者不需要特意为基金投资比重设限，投资者真正需要注意的是投资组合中是否已经对基金投资产品进行了合理的配置，或者需要进行调整与转换，这样才能充分分散风险，配置最有效率的投资组合。

具体来看，比如说在决定是否要将股票的投资转移至股票型基金时，建议投资者不妨比较一下自己过去一年投资股票的获利情况与同类型基金的获利相比何者更好。如果自行投资股票的结果胜过大盘指数的涨幅，且相比较同类型基金回报率也较高的话，投资人不妨就选择自行操作股票；反之，如果自行投资的结果无法打败大盘指数、低于同类型基金的涨幅，建议您可以考虑选择让专家帮您投资，不妨将资金转移到股票型基金上，分享专业资产管理带来的回报。

8. 买房给自己住，还是等升值

> 投资房产既可收取租金，又可期望升值变现。投资房产时需要注意贷款买房的时机，投资住宅要有长远眼光。

房地产投资是指以房地产为对象（或者说为媒介、载体、工具）的投资，是借助于房地产来获取收益的投资行为。房产投资的方法有以下几种：

1. 投资好地段的房产。房地产界有一句亘古不变的名言就是：第一是地段，第二是地段，第三还是地段。作为房地结合物的房地产，其房子部分在一定时期内，建造成本是相对固定的，因而一般不会引起房地产价格的大幅度波动；而作为不可再生资源的土地，其价格却是不断上升的，房地产价格的上升也多半是由于地价的上升造成的。在一个城市中，好的地段是十分有限的，因而更具有升值潜力。所以在好的地段投资房产，虽然购入价格可能相对较高，但由于其比别处有更强的升值潜力，因而也必将能获得可观的回报。

2. 投资期房。期房一般指尚未竣工验收的房产，在香港，期房也被称作"楼花"。因为开发商出售期房，可以作为一种融资手段，提前收回现金，有利于资金流动，减少风险，所以在制定价格时往往给予一个比较优惠的折扣。一般折扣的幅度为10%，有的达到20%甚至更高。同时，投资期房有可能最先买到朝向、楼层等比较好的房子。但期房的投资风险较高，需要投资者对开发商的实力以及楼盘的前景有一个正确的判断。

3. 投资尾房。尾房是指楼盘销售到收尾阶段，所剩余的少量楼层、朝向、户型等不十分理想的房子。一般项目到收尾时，开发商投入的资本已经收回，为了不影响其下一步继续开发，开发商一般都会以低于平常的价格处理这些尾房，以便尽早回收资金，更有效地盘活资产。投资尾房有点儿像证券市场上投资垃圾股，投资者以低于平常的价格买入，再在适当时机以平常的价格售出来赚取差价。尾房比较适合砍价能力强的投资者投资。

4. 投资二手房。自从建设部提出允许已购公房上市交易以来，各地纷纷出台相应政策鼓励二手房上市交易，这也给投资二手房带来了机遇。在城区一些位置较好、交通便利、环境成熟的地段购置二手房可以先用于出租赚取租金，然后再待机出售，可谓两全其美。

5. 投资门面房。目前的一些新建小区中，都建有配套的门面房。一般这些门面房的面积不大，在30~50平方米左右，比较适合搞个体经营。由于在小区内搞经营有相对固定的客户群，因而投资这样的门面房风险较小，无论是自己经营还是租赁经营，都会产生较好的收益。

6. 投资待拆迁房产。在旧城改造过程中，会有很多待拆迁房产。在拆迁时，这些房产的所有者一般都会得到很优惠的补偿。所以通过提前购置待拆迁房产，以获得拆迁补偿的方式赚取收益也不失为一种很好的投资方式。但投资这类房产，需要对城市建设的发展和城市规划有所了解。

7. 投资房地产股票。这是一种间接地投资房地产的方式。通过购买上市房地产公司的股票从证券市场上赚取收益。这种投资房地产的方式需要具备一定的证券知识，并且要对房地产行业以及所选的上市房地产公司的股票有较为全面的研究，这样才能降低风险，获取预期收益。总之，个人投资房地产的方式是多种多样的，不同的投资者可根据自己的情况而选择相应的房地产投资方式。

很多人都有一笔闲钱，存在银行里利息太低，炒股又担心风险太大，那么投资房产也是一个不错的选择，既可收取租金，又可期望升值变现。那么，投资房产需要注意些什么呢？

1. 贷款买房适逢最佳时机。你打算购买房产，如果将手中30万元全部投入买房，那么以后就没有什么收益；如果你申请按揭贷款，将自己的30万元用于投资，不仅可以拥有自己的住房，还可以获利。这样的理财技巧，显示了贷款买房的实惠。

投资购房，银行提供按揭，且贷款利率再一次降低。如今，各银行都纷纷推出了住房消费信贷业务，还推出了房地产按揭业务，百姓贷款购房已十分方便，百姓如果自有资金不够，则可借机向银行贷一部分资金。

2. 投资出租物业正当其时。目前很多有资金的年轻人开始投资出租物业，通过银行按揭购买第二套住房或是商铺用于出租，这样获得的租金不仅可以改善生活水平，还拥有了不动产作为投资工具。这样的投资比股票、基金更保险，越来越受年轻人欢迎。

投资房产的想法在一般人看来肯定是有些超前了。众所周知，以买卖形式进行房产交易，存在着较大的风险性：一是低买高卖的时机难以把握；二是交易成本高，且缺乏灵活的变现能力。买房用于出租，以收租获取投资回报则灵活得多，而且业内人士亦认为，买房除满足自己居住需求外，用于租赁投资将成为一种发展方向，这也是住房市场化的必然结果。

物业的投资价值主要决定于该物业的服务质量、租金回报和地理位置。在内地一些城市，物业服务的质量是租房者关注的重点。由于投资者很少是建筑业专家，因此，很难对物业的内在质量进行评估和判断，所以，考察发展商的实力和开发物业以前的业绩，就成为最直接，也是最有效的办法。

3. 投资住宅要有长远眼光。住宅与商业用房相比，投资住宅一般比较安全，只要区位不是特别偏远，升值会比较稳定。需要注意的是，你要设法了解城市的规划，选择那些规划规模较大，各项基础设施完善，正处在开发之中的项目进行投资，因为这类项目一旦开发建成之后，房产的价格肯定会比你购买时的价格高出很多。

有不少购房者，在选择商品房时，以选择郊区或新区的住宅为目标，他们的精明同样令人佩服。购买同样面积一套市中心住宅，其价格相当于购买郊区（或新区）住宅加上轿车，且居住环境、增值潜力等均要比购买市中心住宅优越。投资房产需要有长远的眼光，商品房买卖是各类商品买卖中动用资金最大、各种制约因素最多的一种交易活动，因此，在交易过程中，不但要详知各种程序和操作方法，而且要讲究策略。

9. 黄金是投资界的"黑马"

> 黄金作为一种世界范围的投资工具，具有全球都可以得到报价，它抗通货膨胀能力强，税率相对于股票要低得多，公正公平的金价走势，产权容易转移，易于典当等比较突出的优点。

众所周知，黄金具有商品和货币的双重属性，随着金融市场的不断发展，黄金作为一种投资品种，被越来越多的投资者所认识。

黄金投资具有许多其他投资品种所不具备的优点：黄金投资是世界上税务负担最轻的投资项目，相比之下，其他很多投资品种都存在一些让投资者容易忽略的税收项目。特别是继承税，当你想将财产转移给你的下一代时，最好的办法就是将财产变成黄金，然后由你的下一代再将黄金变成其他财产，这样将彻底免去高昂的遗产税。黄金投资的优点主要体现在产权转移的便利，作为抵押品比较好以及黄金市场上没有庄家来操控。

1. 产权转移的便利：黄金转让，没有任何登记制度的阻碍，而诸如住宅、股票的转让，都要办理过户手续。假如你打算将一栋住宅和一块黄金送给自己的子女时，您会发现，将黄金转移很方便，让子女拿走就可以了，但是住宅就要费劲得多，由此看来，这些资产的流动性都没有黄金这么优越。

2. 世界上最好的抵押品种：由于黄金是一种国际公认的物品，根本不愁买家承接，所以一般的银行、典当行都会给予黄金80%-90%以上的短期贷款，而住房抵押贷款额，最高不超过房产评估价值的70%。

3. 黄金市场没有庄家：任何地区性的股票市场，都有可能被人操纵。但是黄金市场却不会出现这种情况，因为黄金市场属于全球性的投资市场，现实中还没有哪一个财团或国家具有操控金市的实力。正因为黄金市场是一个透明的有效市场，所以黄金投资者也就获得了很大的投资保障。

个人投资黄金的品种主要有标金、金币、金饰、黄金账户、纸黄金、黄金股票、黄金基金、黄金理财账户、黄金保证金交易。

1. 标金。标金是标准条金的简称，是黄金市场为使场内买卖交易行为规范化、计价结算国际化、清算交收标准化而要求进场的交易标准物，必须按规定的形状、规格、成色、重量等要素精炼加工成的条状金。

2. 金币。金币是黄金铸币的简称，有广义和狭义之分。广义的金币泛指所有在商品流通中专做货币使用的黄金铸件，如金锭、金元宝等；狭义的金币是指经过国家证明，以黄金作为货币的基材，按规定的成色和重量，浇铸成一定规格和形状，并标明其货币面值的铸金币。

3. 金饰。金饰品也有广义和狭义之分。广义的金饰品泛指不论黄金成色多少，只要含有黄金成分的装饰品，如金杯、奖牌等纪念品或工艺品均可列入金饰品的范畴；狭义的金饰品是专指以成色不低于58的黄金材料，通过加工而成的装饰物。

4. 黄金账户。黄金账户是指商业银行为投资者提供的一种黄金投资方式。

5. 纸黄金。纸黄金也叫黄金凭证，就是在黄金市场上买卖双方交易的标的物是一张黄金所有权的凭证而不是黄金实物，是一种权证交易方式。

6. 黄金股票。黄金股票又称金矿公司股票，指的是金矿公司向社会公开发行的上市或不上市的股票。

7. 黄金基金。黄金基金是专门以黄金或黄金类衍生品种作为投资媒体，以获取投资收益的一种共同基金，黄金基金分为开放式基金或封闭式基金。

8. 黄金理财账户。黄金理财账户又称黄金管理账户，指的是投资者在商业银行开立一个黄金理财账户，将买入的黄金存放在商业银行的金库里，记载在黄金理财账户上，并交与商业银行全权管理处置，到了原定的投资收益分配期间，由黄金理财账户的运作与管理者——商业银行来分配投资盈利。

9. 黄金保证金交易。黄金保证金交易是指在黄金买卖业务中，市场参与者不需对所交易的黄金进行全额资金划拨，只需按照黄金交易总额支付一定比例的价款，作为黄金实物交收时的履约保证。目前的世界黄金交易中，既有黄金期货保证金交易，也有黄金现货保证金交易。上海黄金交易所也是一种保证金交易，但仅针对其会员。这种保证金交易与伦敦现货保证金交易和美国期货黄金保证金交易都不一样，它是一种现货黄金交易。与伦敦现货市场不同的是，它有固定的交易场所，仅仅充当投资者的交易媒介，撮合投资者之间进行交易，交易所自身不参与黄金买卖；与美国期货市场不同的是，美国黄金期货的交易标的物是标准化的黄金买卖合约，而上海金交所的黄金延期交收是一种黄金现货交易。

黄金投资是一种永久、及时的投资。几千年以来，黄金永远散发着它的光芒、魅力，并以其独有的特性——不变质、易流通、保值、投资、储值的功能作为人们资产保值的首选。无论历史如何变迁，国家权力怎样更迭，抑或是货币币种怎样的更换，而黄金的价值永存。如今许多投资者纷纷转向投资黄金，将它称为"没有国界的货币"，因此黄金成为在任何时候、任何环境下最重要、最安全的资产。

选择黄金作为投资目标，将成为越来越多富裕起来的人，越来越多深陷股市泥潭的人需要思考的问题。的确，黄金作为一种世界范围的投资工具，具有全球都可以得到报价，抗通货膨胀能力强，税率相对于股票要低得多，公正公平的金价走势，产权容易转移，易于典当等比较突出的优点。

世界主要黄金投资市场有伦敦黄金市场、苏黎世黄金市场、美国黄金市场、香港黄金市场、伦敦黄金交易所黄金定盘、东京黄金交易市场和新加坡黄金交易市场。

1. 伦敦黄金市场。伦敦黄金市场历史悠久，其发展历史可追溯到300多年前。1804年，伦敦取代荷兰阿姆斯特丹成为世界黄金交易的中心，1919年伦敦金市正式成立，每天进行上午和下午的两次黄金定价。由五大金行定出当日的黄金市场价格，该价格一直影响纽约和香港的交易。市场黄金的供应者主要是南非。1982年以前，伦敦黄金市场主要经营黄金现货交易，1982年4月，伦敦期货黄金市场开业。目前，伦敦仍是世界上最大的黄金市场。

2. 苏黎世黄金市场。苏黎世黄金市场，是二战后发展起来的国际黄金市场。由于瑞士特殊的银行体系和辅助性的黄金交易服务体系，为黄金买卖提供了一个既自由又保密的环境，加上瑞士与南非也有优惠协议，获得了80%的南非金，以及前苏联的黄金也聚集于此，使得瑞士不仅是世界上新增黄金的最大中转站，也是世界上最大的私人黄金的存储中心。苏黎世黄金市场在国际黄金市场上的地位仅次于伦敦。

3. 美国黄金市场。纽约和芝加哥黄金市场是20世纪70年代中期发展起来的，主要原因是1977年后，美元贬值，美国人（主要是以法人团体为主）为了套期保值和投资增值获利，使得黄金期货迅速发展起来。目前纽约商品交易所（COMEX）和芝加哥商品交易所（IMM）是世界最大的黄金期货交易中心。两大交易所对黄金现货市场的金价影响很大。

4. 香港黄金市场。香港黄金市场已有90多年的历史。其形成是以香港金银贸易场的成立为标志。1974年，香港政府撤销了对黄金进出口的管制，此后香港金市发展极快。由于香港黄金市场在时差上刚好填补了纽约、芝加哥市场收市和伦敦开市前的空档，可以连贯亚、欧、美，形成完整的世界黄金市场。其优越的地理条件引起了欧洲金商的注意，伦敦五大金商、瑞士三大银行等纷纷来港设立分公司。他们将在伦敦交收的黄金买卖活动带到香港，逐渐形成了一个无形的当地"伦敦黄金市场"，促使香港成为世界主要的黄金市场之一。

5. 伦敦黄金交易所黄金定盘。1919年9月12日上午11点，产生了第一笔黄金定盘，当时金价定在每盎司4镑8先令9便士。开头几天的报价是用电话进行的，后来就决定在斯威辛街的洛西尔银行的办公室里举行正式会议。如今金价一天定盘两次，分别是上午10:30和下午3:00。

伦敦黄金定盘价是独一无二的，与其他黄金市场不同，它为市场的交易者买入或卖出黄金只提供单一的报价。它提供的标准价格，被广泛地应用于生产商、消费者和中央银行作为中间价。有5个银行成员参加定盘，每次定价时，他们各派一个代表出席，在定盘过程中这些人用电话与其自身的交易员保持联系。

6. 东京黄金市场。东京黄金市场于1982年成立，是日本政府正式批准的唯一黄金期货市场。会员绝大多数为日本的公司。黄金市场以每克日元叫价，交收标准金的成色为99.99%，重量为1公斤，每宗交易合约为1000克。

7. 新加坡黄金所。新加坡黄金所成立于1978年11月，目前时常经营黄金现货和2、4、6、8、10个月的5种期货合约，标准金为100盎司的99.99%纯金，设有停板限制。

10.
为自己的人生买个"保险"

保险具有经济补偿、资金融通和社会管理功能，在微观经济中和宏观经济中都起着一定的作用。

保险（Insurance）是指投保人根据合同约定，向保险人支付保险费，保险人对于合同约定的可能发生的事故因其发生所造成的财产损失承担赔偿保险金责任，或者当被保险人死亡、伤残、疾病或者达到合同约定的年龄、期限时承担给付保险金责任的商业保险行为。

保险具有经济补偿、资金融通和社会管理功能，这三大功能是一个有机联系的整体。经济补偿功能是其基本的功能，也是保险区别于其他行业的最鲜明的特征。资金融通功能是在经济补偿功能的基础上发展起来的，社会管理功能是保险业发展到一定程度并深入到社会生活诸多层面之后产生的一项重要功能，它只有在经济补偿功能和资金融通功能实现以后才能发挥作用。

1. 经济补偿功能。经济补偿功能是保险的立业之基，最能体现保险业的特色和核心竞争力。具体体现为两个方面：

财产保险的补偿：保险是在特定灾害事故发生时，在保险的有效期和保险合同约定的责任范围以及保险金额内，按其实际损失金额给予补偿。通过补偿使得已经存在的社会财富因灾害事故所致的实际损失在价值上得到补偿，在使用价值上得以恢复，从而使社会再生产过程得以连续进行。这种补偿既包括对被保险人因自然灾害或意外事故造成的经济损失的补偿，也包括对被保险人依法应对第三者承担的经济赔偿责任的经济补偿，还包括对商业信用中违约行为造成经济损失的补偿。

人身保险的给付：人身保险的保险数额是由投保人根据被保险人对人身保险的需要程度和投保人的缴费能力，在法律允许的情况下，与被保险人双方协商后确定的。

2. 资金融通的功能。资金融通的功能是指将形成的保险资金中的闲置的部分重新投入到社会再生产过程中。保险人为了使保险经营稳定，必须保证保险资金的增值与保值，这就要求保险人对保险资金进行运用。保险资金的运用不仅有其必要性，而且也是可能的。一方面，由于保险保费收入与赔付支出之间存在时间差；另一方面，保险事故的发生不都是同时的，保险人收取的保险费不可能一次全部赔付出去，也就是保险人收取的保险费与赔付支出之间存在数量差。这些都为保险资金的融通提供了可能。保险资金融通要坚持合法性、流动性、安全性、效益性的原则。

3. 社会管理的功能。社会管理是指对整个社会及其各个环节进行调节和控制的过程。目的在于正常发挥各系统、各部门、各环节的功能，从而实现社会关系和谐、整个社会良性运行和有效管理。保险的社会管理的功能主要体现为社会保障管理、社会风险管理、社会关系管理和社会信用管理。

（1）社会保障管理：保险作为社会保障体系的有效组成部分，在完善社会保障体系方面发挥着重要作用，一方面，保险通过为没有参与社会保险的人群提供保险保障，扩大社会保障的覆盖面；另一方面，保险通过灵活多样的产品，为社会提供多层次的保障服务。

（2）社会风险管理：保险公司具有风险管理的专业知识、大量的风险损失资料，为社会风险管理提供了有力的数据支持。同时，保险公司大力宣传培养投保人的风险防范意识；帮助投保人识别和控制风险，指导其加强风险管理；进行安全检查，督促投保人及时采取措施消除隐患；提取防灾资金，资助防灾设施的添置和灾害防治的研究。

（3）社会关系管理：通过保险应对灾害损失，不仅可以根据保险合同约定对损失进行合理补偿，而且可以提高事故处理效率，减少当事人可能出现的事故纠纷。由于保险介入灾害处理的全过程，参与社会关系的管理中，改变了社会主体的行为模式，为维护良好的社会关系创造了有利条件。

（4）社会信用管理：保险以最大诚信原则为其经营的基本原则之一，而保险产品实质上是一种以信用为基础的承诺，对保险双方当事人而言，信用至关重要。保险合同履行的过程实际上就为社会信用体系的建立和管理提供了大量重要的信息来源，实现社会信息资源的共享。

保险的特征主要有互助性、契约性、经济性、商品性和科学性。互助性主要通过保险人用多数投保人缴纳的保险费建立的保险基金对少数受到损失的被保险人提供补偿或给付得以体现；从法律的角度看，保险是一种契约行为；经济性是指保险是通过保险补偿或给付而实现的一种经济保障活动；商品性是说保险体现了一种等价交换的经济关系；科学性是说保险是一种科学处理风险的有效措施。

保险的作用主要是指保险在微观经济中的作用和保险在宏观经济中的作用。保险在微观经济中的作用主要体现在保险有利于受灾企业及时恢复生产，有利于企业加强经济核算，有利于企业加强危险管理，有利于安定人民生活，有利于民事赔偿责任的履行。保险在宏观经济中的作用主要体现在保障社会再生产的正常进行，推动商品的流通和消费，推动科学技术向现实生产力转化，有利于财政和信贷收支平衡的顺利实现，增加外汇收入，增强国际支付能力，动员国际范围内的保险基金。

第六章
经济应该走向世界，迈向国际化
——日益繁荣的国际贸易

随着国际经济交往的日益频繁，一些国际经济交往的专业术语也越来越频繁地出现在我们的视野中，如热钱、汇率、商品倾销、贸易补贴等。只有学好国际经济知识，才能在国际经济交往中应对自如。

1.
热钱涌入，人们谈之色变

> 只要预期的心理存在，唯有让升值的货币大幅波动或实行外汇管制，才能阻止这种投机性资金的流动。

热钱（Hot Money），又称游资（Refugee Capital）或叫投机性短期资本，只为追求最高报酬而在国际金融市场上迅速流动的短期投机性资金。国际间短期资金的投机性移动主要是逃避政治风险，追求汇率变动，重要商品价格变动或国际有价证券价格变动的利益，而热钱即为追求汇率变动利益的投机性行为。当投机者预期某种通货的价格将下跌时，便出售该通货的远期外汇，以期在将来期满之后，可以较低的即期外汇买进而赚取此一汇兑差价的利益。由于此纯属买空卖空的投机行为，故与套汇不同。在外汇市场上，由于此种投机性资金常由有贬值倾向货币转换成有升值货币倾向的货币，增加了外汇市场的不稳定性，因此，只要预期的心理存在，唯有让升值的货币大幅波动或实行外汇管制，才能阻止这种投机性资金的流动。

热钱具有以下"四高"特征：

1. 高收益性与风险性。追求高收益是热钱在全球金融市场运动的最终目的。当然高收益往往伴随着高风险，因而热钱赚取的是高风险利润，它们可能在此市场赚而在彼市场亏，或在此时赚钱而在彼时亏，这也使其具备承担高风险的意识和能力。

2. 高信息化与敏感性。热钱是信息化时代的宠儿，对一国或世界经济金融现状和趋势，对各个金融市场汇差、利差和各种价格差，对有关国家经济政策等高度敏感，并能迅速做出反应。

3. 高流动性与短期性。基于高信息化与高敏感性，有钱可赚它们便迅速进入，风险加大则瞬间逃离。表现出极大的短期性、甚至超短期性，在一天或一周内迅速进出。

4. 投资的高虚拟性与投机性。说热钱是一种投资资金，主要指它们投资于全球的有价证券市场和货币市场，以便从证券和货币的每天、每小时、每分钟的价格波动中取得利润，即"以钱生钱"，对金融市场有一定的润滑作用。如果金融市场没有热钱这类风险偏好者，风险厌恶者就不可能转移风险。但热钱的投资既不创造就业，也不提供服务，具有极大的虚拟性、投机性和破坏性。

热钱并非一成不变，一些长期资本在一定情况下也可以转化为短期资本，短期资本可以转化为热钱，关键在于经济和金融环境是否会导致资金从投资走向投机，从投机走向逃离。而我国现行实际上的固定汇率制度和美元持续贬值的外部金融环境，造就了热钱进出的套利机会。

长期以来，发展中国家由于国内资金短缺，往往比较在意外汇流出，希望外汇流入。就中国而言，目前首先应该加强对资本流入尤其是短期投机资本的管理和监督；其次，要保持宏观经济的稳定和政策的相对连续性以使得资本流动可持续，而这也是防止资本流动逆转最根本的因素。

2. 汇率为什么会上下波动

> 汇率的高低直接影响本国商品在国际市场上的成本和价格，直接影响本国商品的国际竞争力。

汇率亦称"外汇行市或汇价"。一国货币兑换另一国货币的比率，是以一种货币表示的另一种货币的价格。由于世界各国货币的名称不同、币值不一，所以一国货币对其他国家的货币要规定一个兑换率，即汇率。

汇率是国际贸易中最重要的调节杠杆。因为一个国家生产的商品都是按本国货币来计算成本的，要拿到国际市场上竞争，其商品成本一定会与汇率相关。汇率的高低也就直接影响本国商品在国际市场上的成本和价格，直接影响本国商品的国际竞争力。

比如，2016年某天，美元对人民币汇率为6.46，那么价值100元人民币的商品，在国际市场上的价格便是15.47美元；第二天，美元汇率长到了6.50，也就是美元升值，人民币贬值，那么该商品在国际市场上的价格就是15.38美元。商品的价格降低，竞争力增强，肯定好卖，从而刺激该商品的出口；反之，如果美元汇率跌到6.30，也就是说美元贬值，人民币升值，则该商品在国际市场上的价格就是15.87美元。高价商品肯定不好销，必将打击该商品的出口。同样，美元升值而人民币贬值就会制约商品对中国的进口，反过来美元贬值而人民币升值却会大大刺激进口。人民币升值就会大大增加中国出口商品在国际市场上的成本，打击中国商品的竞争力，并反过来刺激中国大量进口他们的商品。

正是由于汇率的波动会给进出口贸易带来如此大范围的波动，因此很多国家和地区都实行相对稳定的货币汇率政策。中国大陆的进出口额高速稳步增长，在很大程度上得益于稳定的人民币汇率政策。外汇汇率有两种标价方法：

1. 直接标价法（Direet Quotation）又称价格标价法，是指以一定单位（1、100、1000等）的外国货币为标准，来计算折合多少单位的本国货币。

2. 间接标价法（Indireet Quotation）又称数量标价法，是指以一定单位（1、100、1000等）的本国货币为标准，来计算折合多少单位的外国货币。

在金本位制下，汇率决定的基础是黄金输送点（Gold Point），在纸币流通条件下，其决定基础是购买力平价（Purchase Power par）。随着外汇交易全球化的发展，传统用于各国的直接标价法和间接标价法，已经很难适应国际外汇发展的需要，必须需要一种统一的汇率表现方式。于是，出现了一种以国际上的主要货币或关键货币（Key Currency）为标准的标价方式。目前，各国外汇市场上公布的外汇牌价均以美元为标准。美元以外的两种货币之间的汇率，必须通过各自货币与美元的比价进行套算得出。这种标价方式被称为"美元标价法"。

影响汇率波动的最基本因素主要有：国际收支及外汇储备、利率、通货膨胀以及政治局势。

1. 国际收支及外汇储备。所谓国际收支就是一个国家的货币收入总额与付给其他国家的货币支出总额的对比。如果货币收入总额大于支出总额，便会出现国际收支顺差；反之，则是国际收支逆差。国际收支状况对一国汇率的变动能产生直接的影响。发生国际收支顺差，会使该国货币对外汇率上升；反之，该国货币汇率下跌。

2. 利率。利率作为一国借贷状况的基本反映，对汇率波动起决定性作用。利率水平直接对国际间的资本流动产生影响，高利率国家发生资本流入，低利率国家则发生资本外流，资本流动会造成外汇市场供求关系的变化，从而对外汇汇率的波动产生影响。一般而言，一国利率提高，将导致该国货币升值；反之，该国货币贬值。

3. 通货膨胀。一般而言，通货膨胀会导致本国货币汇率下跌，通货膨胀的缓解会使汇率上浮。通货膨胀影响本币的价值和购买力，会引发出口商品竞争力减弱、进口商品增加，还会引发对外汇市场产生心理影响，削弱本币在国际市场上的信用地位。这三方面的影响都会导致本币贬值。

4. 政治局势。一国及国际间的政治局势的变化，都会对外汇市场产生影响。政治局势的变化一般包括政治冲突、军事冲突、选举和政权更迭等，这些政治因素对汇率的影响有时很大，但影响时限一般都很短。

3.
产品要走出去，也要引进来

国际贸易与对外贸易的统计分析指标主要有：贸易额和贸易量、贸易差额、国际贸易条件、贸易的商品结构、贸易的地理走向以及对外贸易依存度。

国际贸易（International Trade）是指不同国家（和/或地区）之间的商品和劳务的交换活动。国际贸易由进口贸易（Import Trade）和出口贸易（Export Trade）两部分组成，故有时也称为进出口贸易。国际货物贸易属商品交换范围，与国内贸易在性质上并无不同，但由于它是在不同国家或地区间进行的，所以与国内贸易相比具有以下特点：

1. 国际货物贸易要涉及不同国家或地区在政策措施、法律体系方面可能存在的差异和冲突，以及语言文化、社会习俗等方面带来的差异，所涉及的问题远比国内贸易复杂。

2. 国际货物贸易的交易数量和金额一般较大，运输距离较远，履行时间较长，因此交易双方承担的风险远比国内贸易要大。

3. 国际货物贸易容易受到交易双方所在国家的政治、经济变动，双边关系及国际局势变化等条件的影响。

4. 国际货物贸易除了交易双方外，还需涉及运输、保险、银行、商检、海关等部门的协作、配合，过程较国内贸易要复杂得多。

国际贸易与对外贸易的统计分析指标主要有：贸易额和贸易量、贸易差额、国际贸易条件、贸易的商品结构、贸易的地理走向以及对外贸易依存度。

1. 贸易额和贸易量。贸易额就是用货币表示的贸易的金额，贸易量就是剔除了价格变动影响之后的贸易额，贸易量使得不同时期的贸易规模可以进行比较。这里有三个概念需要掌握：

（1）对外贸易额（Value of Foreign Trade）：就是一个国家在一定时期内的进口总额与出口总额之和。一般用本国货币表示，也可用国际上习惯使用的货币表示；联合国发布的世界各国对外贸易额是以美元表示的；各国在统计有形商品时，出口额以 FOB 价格计算，进口额以 CIF 价格计算；无形商品不报关，海关没有统计。

（2）国际贸易额：（Value of International Trade）是以货币表示的世界各国对外贸易值的综合，又称国际贸易值。它等于一定时期内世界各国用 FOB 价格计算的出口贸易额之和。

（3）贸易量：贸易量是为了剔除价格变动影响，能准确反映国际贸易或一国对外贸易的实际数量而确立的一个指标。在计算时，是以固定年份为基期而确定的价格指数去除报告期的贸易额，得到的就是相当于按不变价格计算（剔除价格变动的影响）的贸易额，该数值就叫报告期的贸易量。贸易量可分为国际贸易量和对外贸易量以及出口贸易量和进口贸易量。

2. 贸易差额。贸易差额（Balance of Trade）是指一个国家在一定时期内（通常为一年）出口总额与进口总额之间的差额。贸易差额的种类主要有贸易顺差、贸易逆差和贸易平衡。

（1）贸易顺差（Favorable Balance of Trade）：我国也称它为出超

（Excess of Export over Import），表示一定时期的出口额大于进口额。

（2）贸易逆差（Unfavorable Balance of Trade）：我国也称它为入超（Excess of Import over Export）、赤字，表示一定时期的出口额小于进口额。

（3）贸易平衡：就是一定时期的出口额等于进口额。

一般认为贸易顺差可以推进经济增长、增加就业，所以各国无不追求贸易顺差。但是，大量的顺差往往会导致贸易纠纷，例如日美汽车贸易大战等。

3. 国际贸易条件。国际贸易条件（Terms of International Trade）是出口商品价格与进口商品价格的对比关系，又称进口比价或交换比价。它表示出口一单位商品能够换回多少单位进口商品。很显然，换回的进口商品越多，越为有利。贸易条件在不同时期的变化通常是用贸易条件指数来表示，贸易条件指数是出口价格指数和进口价格指数的比值，计算公式是：出口价格指数除以进口价格指数，再乘以100（假定基期的贸易条件指数为100）。报告期的贸易条件指数大于100，说明贸易条件较基期改善；报告期的贸易条件指数小于100，说明贸易条件较基期恶化。

4. 贸易的商品结构。贸易的商品结构（Composition of Trade）就是各类商品在贸易总值中所占的比重。

联合国秘书处的《国际贸易标准分类》（SITC）把有形商品依次分为10大类，其中0~4类商品称为初级品，把5~8类商品称为制成品，第9类为没有分类的其他商品。初级产品、制成品在进出口商品中所占的比重就表示了贸易的商品结构。

按生产某种商品所投入的生产要素进行分类，可分为劳动密集型商品、资本密集型商品等某种生产要素密集型商品。

5. 贸易的地理方向。贸易的地理方向可分为对外贸易地理方向和国际贸易地理方向。

（1）对外贸易地理方向（Direction of Foreign Trade）：对外贸易的地理方向是指该国进口商品原产国和出口商品消费国的分布情况，它表明该国同世界各地区、各国家之间经济贸易联系的程度。

例如，2015年我国前几位进口来源地分别是韩国、日本、美国、台湾地区、德国、澳大利亚、马来西亚、和巴西。前几位出口市场分别是，欧盟、美国、日本、东盟、印度、乌克兰等国家地区，由此我们断定，我国2015年主要贸易对象有韩国、日本、美国、东盟、欧盟、德国、澳大利亚、巴西等国家和地区。

（2）国际贸易地理方向（Direction of International Trade）：是指国际贸易的地区分布和商品流向，也就是各个地区、各个国家在国际贸易中所占的地位。通常用它们的出口额（或进口额）占世界出口贸易总额（或进口贸易总额）的比重来表示。

6. 对外贸易依存度。对外贸易依存度（Foreign Dependence Degree）是衡量一个国家（或地区）国民经济外向程度大小的一个基本指标，它是指对外贸易额在该国国民收入或国民生产总值中所占的比重。

4.
大量低价商品的涌入——商品倾销

    商品倾销通常由私人大企业进行，但随着国家垄断资本的发展，一些国家设立专门机构直接对外进行商品倾销。

  商品倾销（Dumping）是指出口商在控制国内市场的条件下，以低于国内市场的价格，甚至低于商品生产成本的价格，在外国市场抛售倾销商品，打击竞争者以占领市场。商品倾销通常由私人大企业进行，但随着国家垄断资本的发展，一些国家设立专门机构直接对外进行商品倾销。

  一国的产品以低于正常价值的价格进入另一国市场而使得另一国国内有竞争能力的产业受到损害的行为即为倾销。其构成要件主要有：产品以低于正常价值或公平价值的价格销售；这种低价销售的行为给进口国产业造成损害，包括实质性损害、实质性威胁和实质性阻碍；损害是由低价销售造成的，二者之间存在因果关系。

  倾销是一种人为的低价销售措施。它是由出口商根据不同的市场，以低于有关商品在出口国的市场价格对同一商品进行差价销售；倾销的动机和目的是多种多样的，有的是为了销售过剩产品，有的是为了争夺国外市场，扩大出口，但只要对进口国某一行业的建立和发展造成实质性损害或实质性威胁或实质性阻碍，就会招致反倾销措施的惩罚；倾销是一种不公平竞争行为。在政府奖励出口的政策下，生产者为获得政府出口补贴，往往以低廉价格销售产品；同时，生产者将产品以倾销的价格在国外市场销售，从而获得在另一国市场的竞争优势并进而消灭竞争对手，再提高价格以获取垄断高额利润；倾销的结果往往给进口方的经济或生产者的利益造成损害，特别是掠夺性倾销扰乱了进口方的市场经济秩序，给进口方经济带来毁灭性打击。

倾销的种类主要有突发性倾销，间歇性倾销和持续性倾销。

1. 突发性倾销（Sporadic dumping），又称短期倾销（Short-run dumping），指某一商品的生产商为防止商品的大量积压危及国内的价格结构，在短期内向海外市场大量地低价抛售该商品。有经济学家认为这种类型的倾销对进口国工业的"损害"是暂时的，而进口国消费者却可以从中获取低价消费的好处，因而是无可厚非的。

2. 间歇性倾销（Intermittent dumping），又称掠夺性倾销，指某一商品的生产商为了在某一海外市场上取得垄断地位而以低于边际成本的价格向该市场抛售商品，待将竞争对手驱逐出该市场后再实行垄断高价。有经济学家认为这种类型的倾销具有掠夺性意图，其对进口国工业的"损害"超过了进口国消费者获得的好处，因而应受到反倾销法的抵制。

3. 持续性倾销（Persistent dumping），又称长期倾销（Long-run dumping），指某一商品的生产商一方面为了实现规模经济效益而大规模地进行生产，另一方面为了维持国内价格结构而将其中一部分商品长期地低价向海外市场销售。有经济学家认为这种类型的倾销对进口国工业的"损害"只有一次，即其被迫转产之时，进口国消费者从中获得的好处却是不断累积的，因而也不应受到反倾销法的抵制。

除以上三种倾销之外，间接倾销（Indirect Dumping）和社会倾销（Social Dumping）的现象也已引起国际社会的重视，要求对其施行制裁的呼声越来越高。

间接倾销通常也称第三国倾销，是指甲国的产品倾销至乙国，再由乙国销往丙国，并对丙国的有关工业造成损害。在这种情况下，虽然乙国的出口商并没有实施实际倾销行为，但丙国相似产品生产商可依反倾销法申请对乙国的生产商和出口商进行反倾销调查，也可要求乙国对甲国的产品采取反倾销措施。至于乙国当局是否会根据丙国的请求，对甲国的倾销产品实施反倾销措施，往往取决于乙国与丙国的政治与贸易关系。

社会倾销最初仅指出口利用犯人生产的廉价产品，现在已扩大到计算生产成本时所必须考虑的其他因素。发展中国家由于廉价劳动力和生产环境的低标准等种种因素，使其出口商品在国际市场和国内市场上的价格都比较低，因此不能按现有的法律定义确定其倾销。但由于这些廉价出口商品对发达国家的市场带来冲击，因此近年来，发达国家，特别是欧盟的贸易保护主义者，一直在呼吁制止这种所谓的社会倾销。

反倾销（anti-dumping）是指进口国主管当局根据受到损害的国内企业的申诉，按照一定的法律程序对以低于正常价值的价格在进口国进行销售的、并对进口国生产相似产品的产业造成法定损害的外国产品，进行立案、调查和处理的过程和措施。反倾销是以前的《关贸总协定》和现在的"世界贸易组织"所承认的用以抵制不公平国际贸易行为的一种措施。

为了制止倾销而采取反倾销措施应该说是合理的，但如果反倾销措施的实施超过了其合理范围或合理程度，反倾销措施也会成为一种贸易保护主义措施，从而对国际贸易的扩展造成阻碍性影响。

5.
进出口贸易也有津贴

> 国家对进出口贸易给予的津贴就是贸易补贴。贸易补贴可以是直接的，也可以是间接的。

国家对进出口贸易给予的津贴就是贸易补贴。贸易补贴可以是直接的，也可以是间接的。直接贸易补贴简单来说就是负税，其结果与税收正相反。间接贸易补贴则一般采取放宽信贷、廉价使用能源或免费使用基础设施等方式。补贴量可以与贸易量保持某一固定比例关系，称为从量补贴；也可以与贸易值保持某一固定比例关系，称为从价补贴。

美国农业是建立在私有制基础上的，此前以家庭农场为主。而随着科技化和产业化的发展，截至目前，美国家庭农场的破产超过60%。在商品化的种植业中，美国的家庭农场已无法生存，不得不被兼并或转做其他工作，于是走上了一条"要么变大，要么走人"的不归路。这也是美国农业发展的一个特色：别无选择地提高自身竞争力。

此外，美国农产品在世界市场上拥有持久的竞争力和其较低的市场价格还与政府补贴有着密切的联系。农业补贴是一个国家对本国农业支持与保护体系中最主要、最常用的工具，其在美国的农业保护实践中得到了充分适用。

美国的农业补贴政策始于20世纪30年代，涉及农产品生产、贮存、销售等多个环节，涉及产品多达20多种，是多角度的综合性补贴。美国农业补贴的赋予主要体现在其所颁布的一系列农业法案中，以通过法律的效力，影响国际贸易、环境保护、食品安全以及农村发展。自《1933年农业调整法》出台以来至《2008年农业法案》，美国主要发布了16个与农业保护相关的法案。1996~2002年，美国根据《1933年农业调整法》《1949年农业法案》以及1933年成立的商品信用公司对其农业提供了年均约160亿美元的补贴。2002年，美国又颁布了《农业保障和农村投资法》（简称《2002年农业法案》），规定了约165亿美元的农业补贴，对谷物、油籽和陆地棉的生产产生了很大影响。该法已于2007年9月到期。根据《2002年农业法案》，农民销售的每蒲式耳小麦将获得52美分的额外援助，使小麦价格从2002~2003年的3.86美元/蒲式耳增至2004~2007年的3.92美元/蒲式耳。也就是说，小麦反周期支付的目标价格在2007年增加到了3.92美元/蒲式耳。

不同的农业法中农业补贴政策的内容是不尽相同的，因此每一部新农业法的出台都意味着美国的农业补贴在做相应的调整。专家认为，总体看来美国农业补贴政策可以分为三个阶段：

第一个阶段是1933~1995年，可以称为价格补贴政策阶段。农业补贴政策以限制农产品播种面积、政府建立农产品储备调节市场供求关系、扩大农产品出口为主要特征，农业补贴直接与市场价格相挂钩。

第二个阶段是1996~2001年，可以称为收入补贴政策阶段。补贴与当年市场价格脱钩，直接计入农民收入。

第三阶段是2002年以后，可以称为收入价格补贴政策阶段。既保留了收入补贴，又保留和创造了一些价格补贴手段。

2008年5月，美国参、众两院以超过2/3的赞成票推翻了总统的否决,通过了旨在加大其农业保护力度的《2008年农业法案》。在世贸组织多哈回合谈判日趋紧迫之际,在农业谈判主要议题,即关于农业补贴削减公式的讨论已临近关键时刻之际,美国会此举无疑是"火上浇油"。法案一经出台,布基纳法索、加拿大、巴拉圭和玻利维亚就对其予以了指责。此后,许多发展中成员和最不发达成员纷纷表示了强烈反对。6月18日,世贸组织总干事拉米表示,"部分成员对美国新农业法案的指责是恰当的","目前唯一可以改变美国在农业和补贴问题上的立场的办法就是达成一项世贸组织协定"。

根据该法案,政府补贴的2/3都将用于国内营养项目(如食品援助);400亿美元用于农业补贴;约300亿美元用于鼓励农民休耕土地和其他环境保护项目。对此,有分析人士指出,如果"将2900亿美元的2/3用于帮助美国的'贫困者'应对食品价格上涨",那就意味着,美国国内的需求对于农产品价格并不敏感,就算价格上涨,只要在补贴范围内,美国的需求依然旺盛。从表面上看,美国农业法案是政府对其民众的补贴,而本质上却是全球农产品进口国对美国的补贴。尽管美国政府表示提供2900亿美元的补贴,但其很可能换来远远大于这一价值的出口合同。

如何看待和评价美国的农业补贴政策,始终是全球关注的焦点;同时,美国农业补贴政策的效果和影响直接决定着国际农产品市场的走势和WTO农业谈判的成败。假如美国长期保持高强度的农业补贴政策,则必然带来如下积极效果:

1. 有利于提升美国农产品的市场价格优势。美国长期对于出口导向的农产品给予大量补贴,其目的在于降低其价格和提高其竞争力。当市场价格低于贷款价格时,政府会给予贷款价差补贴;当市场价格、贷款价差补贴和固定直接支付金额的总和低于目标价格时,政府还会给予反周期补贴来弥补差额；当市场价格高于贷款价格，但市场价格与固定直接支付金额的总和低于目标价格时，政府给予反周期补贴；当市场价格与固定直接支付金额的总和高于目标价格水平时，所产生的余额分给农民。

2. 促进了美国拓展农产品国际市场。目前，在国际农产品市场上，美国的小麦、玉米、大豆均占有较大的份额；2014年美国农产品出口达到创纪录的1523亿美元，虽然2015年有所下降，但是仍稳居世界第一。长期稳定的农业补贴必将有力地提高美国拓展农产品国际市场的能力。

3. 有助于美国农业生产稳步发展。实施出口补贴可以摆脱和转嫁农产品过剩的危机，进而缓解农业生产与需求之间的冲突和矛盾；实施贷款差额补贴和反周期补贴，可以大大强化农场主应对市场供求波动的能力，从而有助于抑制农业生产可能发生的剧烈波动。

4. 有利于农业结构合理优化。美国政府一方面通过多样化的限产补贴，对已经严重过剩的农产品进行强制性或限制性的价格约束，从而减少和限制其产量；另一方面又通过鼓励性补贴来刺激和支持市场短缺农产品的生产，从而缓解供求矛盾，推动农业生产结构合理化。

5. 有助于农业生产可持续发展。美国政府的多样化补贴不仅为农业生产发展创造了良好的宏观环境，而且从根本上保证了农业生产主体的农业收益，从而扩大了农业生产的内部资本积累，进而为农业科技的推广应用和农业的扩大再生产创造了基本前提条件，最终促进农业生产持续、稳定发展。

6.
打破国家经济之间的壁垒

> 经济一体化的特征主要是相互给予的贸易优惠,成员国之间的自由贸易,共同的对外关税,生产要素的自由流动,经济政策的协调,统一的经济政策。

经济一体化是指两个或两个以上的国家在现有生产力发展水平和国际分工的基础上,由政府间通过协商缔结条约,建立多国的经济联盟。在这个多国经济联盟的区域内,商品、资本和劳务能够自由流动,不存在任何贸易壁垒,并拥有一个统一的机构,来监督条约的执行和实施共同的政策及措施。

广义的经济一体化即世界经济一体化,指世界各国经济之间彼此相互开放,形成相互联系、相互依赖的有机体。狭义的经济一体化,即地区经济一体化,指区域内两个或两个以上国家或地区,在一个由政府授权组成的并具有超国家性的共同机构下,通过制定统一的对内对外经济政策、财政与金融政策等,消除国别之间阻碍经济贸易发展的障碍,实现区域内互利互惠、协调发展和资源优化配置,最终形成一个政治经济高度协调统一的有机体的这一过程。

根据各参加国的具体情况和条件以及它们的目标要求,经济一体化的形式有自由贸易区、关税同盟、共同市场和经济联盟四种形式。

1. 自由贸易区。自由贸易区是指由签订自由贸易协定的国家组成的贸易区。成员国之间免征关税和取消其他贸易限制，但对区外国家仍保持各自的关税和限额。

2. 关税同盟。关税同盟是指两个或两个以上国家为了取消彼此之间的关税或各种贸易壁垒，建立共同的对外关税而缔结的同盟。同盟内部商品自由流通和自由竞争。关税同盟在一体化程度上比自由贸易区进了一步。

3. 共同市场。指在关税同盟基础上实现生产要素的自由流动，在同盟内建立关税、贸易和市场一体化。其最终目标是要实现完全的经济联盟。

4. 经济联盟。是经济一体化的最终发展目标和最高级的形式。它要求其成员国在实现关税、贸易和市场一体化的基础上，建立一个超国家的管理机构，在国际经济决策中采取同一立场，行使统一的货币制度和组建统一的银行机构，进而在经济、财政、货币、关税、贸易和市场等方面实现全面的经济一体化。

经济一体化的特征主要是相互给予的贸易优惠，成员国之间的自由贸易，共同的对外关税，生产要素的自由流动，经济政策的协调，统一的经济政策。世界上经济一体化的实践主要有欧盟、北美自由贸易区、亚太经合组织、东盟与中国—东盟自由贸易区建设。

1. 欧盟。欧盟的建立对世界经济的发展具有深远影响。一方面，它会产生"聚集效应"，如今它不仅吸引了西欧的众多国家参与，而且吸引了许多中东欧转型国家，这从经济上来看，主要是因为我们前面介绍的关税同盟效应；从政治上看，欧盟在国际事务中的政治影响远非单个成员国所能及；另一方面，它会产生"扩散效应"，这并非要求所有国家完全与欧盟一样，而是从一体化经济学角度来说，内部不同程度和不同范围的自由贸易会取得不同程度的贸易创造、贸易转移、规模经济、投资刺激等效应。欧盟的建立对于欧洲经济发展是有利的，但对非成员国向欧盟国家的商品和劳务出口、直接或间接投资就可能产生十分不利的影响。由于欧盟内部生产要素、商品的自由流动所导致的生产的调节，也会出现各个集团利益的重新分配，从而使一部分企业和个人遭受损失，但从长远来看，欧盟同非成员国之间的贸易将很可能随着其经济实力的增强而扩大，内部也会采取有力措施来调节利益的分配。可以预言，随着欧盟经济一体化和政治一体化的发展，欧盟将在经济上持续走强并在国际事务中发挥越来越大的作用，不断地向建立"大欧洲自由贸易区"迈进。

2. 北美自由贸易区。北美自由贸易区增进了地区合作，最突出的表现就是缓解了1994年底爆发的墨西哥金融危机；其次，北美自由贸易区促进了三国贸易投资的扩大，随着各成员国关税和非关税壁垒的逐步取消，自由贸易区内的规模日益扩大，区内贸易占各成员国总贸易的比重均有所提高；最后，北美自由贸易区促进了三国农业政策的调整。

3. 亚太经合组织。亚太经合组织（Asia-Pacific Economic Cooperation，简称APEC）已拥有21个成员，包括：中国、日本、韩国、中国台北、中国香港、泰国、越南、文莱、印度尼西亚、马来西亚、新加坡、菲律宾、澳大利亚、新西兰、巴布亚新几内亚、美国、加拿大、墨西哥、俄罗斯、智利、秘鲁。从规模上看，它是全球最大的区域性经济一体化组织。

4. 东盟与中国—东盟自由贸易区建设。"中国—东盟自由贸易区"的构想首先是在2000年新加坡举行的第四次中国与东盟领导人会议上被提出的。2001年3月，双方正式成立联合专家小组，对自由贸易区的可行性、经济效应及中国入世的影响进行了研究。专家小组认为：中国和东盟的贸易结构具有很强的互补性，双方的贸易额占各自对外贸易额的比重都较小，表明双方之间的贸易潜力很大；如果成立自由贸易区的话，则会产生较大的贸易创造效应，使双方受益。此后，双方进行了一系列的磋商，在2001年11月文莱举行的第五次中国-东盟领导人会议上，双方正式达成了在10年内建立"中国—东盟自由贸易区"的协议。紧接着，双方于2002年11月4日在柬埔寨首都金边签署《中国—东盟全面经济合作框架协议》，确定了中国—东盟自由贸易区的基本构架。根据该协议，自由贸易区将包括货物贸易、服务贸易、投资和经济合作等内容，其中关于货物贸易的谈判将从2003年初开始，2004年6月30日前结束；关于服务贸易和投资的谈判将从2003年开始，并将尽快结束；在经济合作上，双方商定将以农业、信息通讯技术、人力资源开发、投资促进和湄公河流域开发为重点，并逐步向其他领域扩展。在此基础上，2003年10月1日起，中国和泰国开始执行蔬菜和水果零关税协议。另外，从2004年1月1日起，中国—东盟自由贸易区总体框架下的"早期收获"方案开始实施，谷物、乳品、蛋、饮料等产品将率先降低关税；从2005年1月1日起，包括钢材、机械配件、棉织品、肥料、化工品等将开始降低关税。

7.
中国制造走向了世界

> 在很多国家的市场上,能看见各种商品,打着"Made in China"的标签。

中国制造是一个全方位的商品,它不仅包括物质成分,也包括文化成分和人文内涵。中国制造在进行物质产品出口的同时,也将人文文化和国内的商业文明连带着出口到国外。

中国制造给世界做出了巨大贡献。据有关数据,2011年,我国机电产品出口全球排名首位的有58种,而排名第二位的有9种。其中,"中国制造"的笔记本电脑、复印设备、微波炉、厨房或桌用餐具等出口额在全球排名第一,占全球出口市场的份额都超过了一半,分别达到了70.4%、50.2%、61.5%和67.4%。这意味着,我国价格合理、质量可靠的产品已经受到了许多国家和地区人民的欢迎,影响着世界人民的厨房、起居室、办公室等工作与生活领域。

不过,正是在这样大量廉价消费中国产品和中国资源的同时,这些国家的企业也产生了抱怨,中国制造在一定程度上冲击了他们本国的制造。而在对国际市场产生冲击的同时,中国制造对国内的生态环境和自然资源也造成了巨大的冲击和破坏。这种以破坏国内环境和资源为代价的廉价生产是绝不能持续的。中国必须改变这种出力不讨好的发展战略。

面对这种局面,中国企业下一步要做的是让自己的产品售价向真实的价格靠拢。譬如,有些产品的真实成本被隐瞒了,或被低估了,对外出售卖得太便宜,这时就要把价格涨上来。这些年来,我国的矿产品也不收资源税,使我国的能源价格十分低廉,电费、油费都相对便宜,从而导致所有在中国生产的出口商品价格都相对低廉。在这种情况下,为了能保证经济可持续发展,政府必须提高本国的资源税率,避免外国企业过度廉价利用中国资源。主宰这场转变的必须是政府行为,政府必须尽早快速地出台各项法律法规,调整国内生产要素的价格,从而影响出口产品的价格,强迫中国制造产生升级换代,进而提升中国的产业结构,最终走出高消耗、高污染、廉价出口的局面。

对所谓世界工厂,要做具体分析,它至少有三种类型:

第一类是来料加工型的世界工厂。由于发展中国家劳动力便宜,跨国公司就把发展中国家作为工业品的生产加工基地。原材料和零部件的供应及产成品的销售都由跨国公司控制,通过大进大出的方式,实现利润的最大化。作为生产加工基地的国家,主要是赚取人工费用,实现劳动力的就业。

第二类是原材料的采购和零部件的制造实行本土化为主,跨国公司控制着研发和市场销售网络。这种类型较第一种类型的层次提高一步,但仍然属于生产车间型的世界工厂。当然这两种类型并不是截然分开的,而往往是并存的,只是比重的高低有所区别。

在上述两种情况下,往往会出现 GDP 增长较快而 GNP 并没有获得相应增长的局面,附加价值的大头被跨国公司拿回了本国,有时甚至出现发展中国家有增长而无发展的结果。我们必须要避免出现这种情况。

第三种类型是既具有研发能力和名牌,也控制着国际市场的销售网络，既在本土进行加工制造，同时也在全球范围内进行采购，以实现资源的最优配置。

中国作为最大的发展中国家，生产力发展水平具有多层次性和不平衡性。特别是具有劳动力资源丰富的比较优势，因此我们不拒绝、不排斥第一种类型和第二种类型的发展模式，积极利用外资，欢迎跨国公司在中国建立生产制造基地以及通过大进大出的方式参与国际分工。但是，我们的对外开放和参与国际分工不应长期停留在这一水平上，不应只依靠发挥劳动力便宜的比较优势，而应在发挥比较优势的同时，努力提高竞争优势，推进产业升级，培养一大批能够进入世界工业500强的大型企业，在技术密集与知识密集型产业领域，缩小与发达国家之间的差距。中国不仅应成为一个工业生产大国，同时也应逐步成为一个工业生产强国。

8.
顺差是好事，逆差是坏事？

> 贸易是为了赚钱。贸易顺差的一方，就是净赚进了钱；而贸易逆差的一方，则是净付出了钱。

贸易顺差就是在一定的单位时间里（通常按年度计算），贸易的双方互相买卖各种货物，互相进口与出口，甲方的出口金额大过乙方的出口金额，或甲方的进口金额少于乙方的进口金额，其中的差额，对甲方来说，就叫作贸易顺差；反之，对乙方来说，就叫作贸易逆差。一般就贸易双方的利益来讲，其中得到贸易顺差的一方是占便宜的一方，而得到贸易逆差的一方则是吃亏的一方。可以这么看，贸易是为了赚钱。贸易顺差的一方，就是净赚进了钱；而贸易逆差的一方，则是净付出了钱。

贸易顺差越多并不一定好，过高的贸易顺差是一件危险的事情，意味着本国经济的增长比过去几年任何时候都更依赖于外部需求，对外依存度过高。巨额的贸易顺差也带来了外汇储备的膨胀，给本国货币带来了更大的升值压力，也给国际上贸易保护主义势力以口实，认为巨额顺差反映的是本国货币被低估。这增加了本国货币升值压力和金融风险，为本国货币汇率机制改革增加了成本和难度。比较简单的对策就是拉动国内消费。

促使中国贸易顺差迅猛增长的原因主要有：经济全球化、我国供给能力的强大、国际市场对中国生产的商品需求比较大、我国生产成本比较低等等。

1. 经济全球化为这一结果提供了基本条件。在全球化的推动下，当今各国的经济比以往联系得更加紧密，商品和服务越来越更自由地在国与国之间流动，这必然为推动我国贸易的快速增长提供了可能和条件。

2. 我们的供给能力比较强。经济的快速增长，国内投资的较快增长，以及国际分工带来的外国直接投资的快速增长，我国的生产能力已经是大大增强，而且形成了较强的产业链，更重要的是，形成这一生产能力的，正是国际上短缺的或者是不愿意经营的加工贸易。2014年我国一般贸易进出口总值占同期我国外贸进出口总值的比重为53.8%，较2013年提升了1个百分点，同期加工贸易所占的比重为32.7%。

3. 国际市场对中国生产的商品需求比较大。受整体经济发展水平的限制，劳动密集型仍是我国目前生产的基本特征，而与我国贸易量最大的欧盟、美国、日本等都是以技术含量较高的经济结构为特征，与我国经济有着较强的互补性，同时这三个地区和国家经济总量占世界大约75%左右，自然决定了国际市场对我国生产的商品和服务需求也比较大。

4. 我国生产成本比较低，决定了我国产品在国际市场上有较强的竞争力。据调查我国制造业单位劳动力成本，不仅远远低于美、日、德、法、荷兰等发达国家，低于墨西哥、南非、俄罗斯等发展中大国、亚洲四小龙，甚至低于菲律宾、越南、马来西亚等新兴发展中国家。来自某权威机构的数据，我国近几年劳动力收入有所提升，但是在2013年–2020年期间还是低于其他竞争国。比如到1919年，中国每小时劳动力将会达到巴西的35.2%、墨西哥的55.3%以及美国的12%。

另外，还有一个很重要的因素，近几年来世界经济增长比较快，相应来说盘子就比较大，本来贸易顺差可能没有这么多，但是由于世界经济总量很大，相应也放大了贸易顺差的量。受国内外各种因素的综合作用影响，未来中国保持贸易顺差的可能性还是比较大的。

所谓贸易逆差是指一国在一定时期内（如一年、半年、一季、一月）进口贸易总值大于出口总值，俗称"入超"，即"贸易逆差"，或叫"贸易赤字"。表明一国的外汇储备减少，该国商品国际竞争力弱，该国当年在对外贸易中处于不利地位。同样，一国政府当局应当设法避免长期出现贸易逆差，因为大量逆差将致使国内资源外流，对外债务增加，这种状况同样会影响国民经济正常运行。

传统贸易观念认为出口为了创汇，顺差是好事，逆差是坏事。这一观念长期主导着我国的贸易政策和实践。其实，一国的对外贸易应追求长期的进出口基本平衡，而不是长期的贸易顺差。我国是一个发展中的大国，长期的贸易顺差所带来的并非都是好处。首先，贸易顺差将带来越来越多的贸易争端；其次，贸易顺差虽然增加了外汇储备，但从资源效用最大化的角度看，是资源未被充分利用；第三，持续高额顺差导致人民币升值预期，进而又导致资本净流入增加，资本净流入增加又进一步导致了人民币升值的压力；第四，巨额的经常项目的顺差，会转化为货币大量投放的压力，成为通货膨胀率上升的重要因素。

相反，贸易逆差的结果也并非都是坏处。第一，适当逆差有利于缓解短期贸易纠纷，有助于贸易长期稳定增长；第二，逆差实际上等于投资购买生产性的设备，只要投资项目选择得当，既可补充国内一些短缺的原材料，还能很快提高生产能力、增加就业以及增加经济总量；第三，逆差能减少人民币升值的预期，减缓资本净流入的速度；第四，短期的贸易逆差有助于缓解我国通货膨胀的压力，加大我国货币政策的操作空间。

从我国经济发展的实践来看，经济增长快的年份，都是逆差或者顺差较小的年份，因此，在对外贸易问题上，应当彻底转变观念，放弃以出口创汇、追求顺差为目标的传统观念和做法，确立以国际收支平衡为目标的政策。

9. 越来越多公司走向世界

> 跨国公司的发展对国际贸易的影响主要体现在促进国际贸易和世界经济的增长，跨国公司控制了许多重要的制成品和原料贸易，跨国公司控制了国际技术贸易。

跨国公司（Transnational Corporation），又称多国公司（Multi-national Enterprise）、国际公司（International Firm）、超国家公司（Supernational Enterprise）和宇宙公司（Cosmo-corporation）等。70年代初，联合国经济及社会理事会组成了由知名人士参加的小组，较为全面地考察了跨国公司的各种准则和定义后，于1974年做出决议，决定联合国统一采用"跨国公司"这一名称。

跨国公司是指由两个或两个以上国家的经济实体所组成，并从事生产、销售和其他经营活动的国际性大型企业。又称国际公司或多国公司。跨国公司的雏形最早出现在16世纪，成长于19世纪70年代之后，已经成为世界经济国际化和全球化发展的重要内容、表现和主要推动力。

跨国公司是垄断资本主义高度发展的产物，它的出现与资本输出密切相关。19世纪末20世纪初，资本主义进入垄断阶段，资本输出大大发展起来，这时才开始出现少数跨国公司。当时，发达资本主义国家的某些大型企业通过对外直接投资，在海外设立分支机构和子公司，开始跨国性经营。例如，美国的胜家缝纫机器公司、威斯汀豪斯电气公司、爱迪生电器公司、英国的帝国化学公司等都先后在国外活动，这些公司是现代跨国公司的先驱。在两次世界大战期间，跨国公司在数量上和规模上都有所发展。第二次世界大战后，跨国公司得到迅速发展。美国跨国公司的数目、规模、国外生产和销售额均居世界之首。根据最新的数据，目前全球跨国公司前十名分别为美国的埃克森美孚、沃尔玛、通用汽车、福特汽车、德国的戴姆勒·克莱斯勒、英国/荷兰的皇家荷兰壳牌集团、英国的英国石油、美国的通用电气、日本的丰田汽车。我们可以看到，前10名中美国占了5名，且前4名都是美国企业。这是按公司海外资产进行的排名，若按销售额排列，美国依然居前列。2015年世界500强的入围门槛提高至237.2亿美元；总收入达31.2万亿美元。前30名企业中美国企业占了12名，中国跨国企业发展也比较迅速，共有6家企业进入了前30名。其中包括中石油天然气公司、国家电网公司等。除此之外，韩国、荷兰、日本等国家商业有多家公司进入了前十名。

据联合国有关机构统计，目前世界上共有8万多家跨国公司，其中世界500强中的绝大多数企业已来华投资。其中90%是西方国家的，90%中又约有一半属于美国、日本、德国、荷兰、意大利五国。属于发展中国家和地区的跨国公司只有10%，虽然中国跨国公司数量和规模不断增加，但是与发达国家水平相差甚远。在跨国公司的发展中，美国占有绝对重要的地位和比重，而日本作为后起之秀则穷追不舍，亦不可小看。

跨国公司的主要特征有：一般都有一个国内实力雄厚的大型公司为主体，通过对外直接投资或收购当地企业的方式，在许多国家建立有子公司或分公司；一般都有一个完整的决策体系和最高的决策中心，各子公司或分公司虽各自都有自己的决策机构，都可以根据自己经营的领域和不同特点进行决策活动,但其决策必须服从于最高决策中心;一般都从全球战略出发安排自己的经营活动,在世界范围内寻求市场和合理的生产布局,定点专业生产,定点销售产品,以牟取最大的利润;一般都有强大的经济和技术实力,有快速的信息传递,以及资金快速跨国转移等方面的优势,所以在国际上都有较强的竞争力。许多大的跨国公司,由于经济、技术实力或在某些产品生产上的优势,或对某些产品,或在某些地区,都带有不同程度的垄断性。

跨国公司的发展对国际贸易的影响主要体现在促进国际贸易和世界经济的增长,跨国公司对发达国家和发展中国家对外贸易的影响,以及跨国公司控制了许多重要的制成品和原料贸易,跨国公司控制了国际技术贸易。

1. 跨国公司的发展,促进了国际贸易和世界经济的增长。自1982年以来,跨国公司成长非常迅速,联合国贸易与发展会议2013年发布的一份报告显示,2013年,全球各国对外直接投资总额为14180亿美元,其中,发展中国家对外投资总额为4600亿美元。报告还对各国对外投资额进行了排名:美国以3380亿美元位列排名榜首位;日本以1350亿美元,位列第二;中国、俄罗斯和香港的投资额分别为1010亿、950亿和920亿美元,英属维尔京群岛、瑞士、德国、加拿大、荷兰也跻身排行榜前十名。此外,欧盟各国对外投资总额为2520亿美元。

由此可见,跨国公司的海外投资在世界经济中发挥着比国际贸易更大的作用。事实上,跨国公司已成为当代国际经济、科学技术和国际贸易中最活跃最有影响力的力量,这种力量随着跨国公司投资总体的呈上升趋势还会得到增强。

2. 跨国公司对发达国家对外贸易的影响。跨国公司的发展对战后发达国家的对外贸易起到了极大的推动作用。这些作用表现在，使发达国家的产品能够通过对外直接投资的方式在东道国生产并销售，从而绕过了贸易壁垒，提高了其产品的竞争力；从原材料、能量的角度看，减少了发达国家对发展中国家的依赖，也使得发达国家的产品较顺利地进入和利用东道国的对外贸易渠道并易于获得商业情报信息。

3. 跨国公司对发展中国家对外贸易的影响。跨国公司对外直接投资和私人信贷，补充了发展中国家进口资金的短缺；跨国公司的资本流入，加速了发展中国家对外贸易商品结构的变化。战后，发展中国家引进外国公司资本、技术和管理经验，大力发展出口加工工业，使某些工业部门实现了技术跳跃，促进了对外贸易商品结构的改变和国民经济的发展；跨国公司的资本流入，促进了发展中国家工业化模式和与其相适应的贸易模式的形成和发展。战后，发展中国家利用外资，尤其是跨国公司的投资，实施工业化模式和与其相适应的贸易模式，大体上可分为：初级产品出口工业化、进口替代工业化和工业制成品出口替代工业化三个阶段。进口替代工业化是指一国采取关税、进口数量限制和外汇管制等严格的限制进口措施，限制某些重要的工业品进口，扶植和保护本国有关工业部门发展的政策。实行这项政策的目的在于用国内生产的工业品代替进口产品，以减少本国对国外市场的依赖，促进民族工业的发展。出口替代工业化是指一国采取各种措施促进面向出口工业的发展，用工业制成品和半制成品的出口代替传统的初级产品出口，促进出口产品的多样化和发展，以增加外汇收入，并带动工业体系的建立和经济的持续增长。

4. 跨国公司控制了许多重要的制成品和原料贸易。跨国公司40％以上的销售总额和49％的国外销售集中在化学工业、机器制造、电子工业和运输设备四个部门。

5. 跨国公司控制了国际技术贸易。在世界科技开发和技术贸易领域，跨国公司，特别是来自美国、日本、德国、英国等发达国家的跨国公司，发挥着举足轻重的作用。目前，跨国公司掌握了世界上80%左右的专利权，基本上垄断了国际技术贸易；在发达国家，大约有90%的生产技术和75%的技术贸易被这些国家最大的500家跨国公司所控制。许多专家学者认为：跨国公司是当代新技术的主要源泉，技术贸易的主要组织者和推动者。

10.
华尔街——美国的金融中心

> 在占地3700平方英尺的交易所大厅里，每天的股票交易高达25亿股，每笔交易只需不到一分钟的时间。华尔街制造着一夜暴富的神话，但也不乏令人心酸的回忆。

纽约市曼哈顿区南部从百老汇路延伸到东河的一条大街道的名字，全长不过三分之一英里，宽仅11米，是英文"墙街"的音译。街道狭窄而短，从百老汇到东河仅有7个街段。1792年荷兰殖民者为抵御英军侵犯而建筑一堵土墙，从东河一直筑到哈德逊河，后沿墙形成了一条街，因而得名Wall Street。后拆除了围墙，但"华尔街"的名字却保留了下来。今天，它以"美国的金融中心"闻名于世。美国摩根财阀、洛克菲勒石油大王和杜邦财团等开设的银行、保险、航运、铁路等公司的经理处集中在这里,著名的纽约证券交易所也在这里。

华尔街两旁很早就已是摩天大楼林立,街道如同一条峡谷,抬头只能望见一线天。数不清的大银行、信托公司、保险公司和交易所都在这里驻扎。每天成千上万的白领涌到这里上班。而住在郊区的金融巨头们,则不必受挤车堵车之苦,他们上下班乘飞机,直升机场就设在华尔街东端不远的东河畔。

华尔街是金融和投资高度集中的象征。在纽约的华尔街这条全长仅有500多米、街面非常狭窄的小马路上,云集着包括纽约证券交易所、联邦储备银行在内的众多金融机构,正是这些呼风唤雨的知名机构,使其成为国际金融界的"神经中枢"。

华尔街是个寸土寸金的地方,每一座建筑都充分利用有限的空间来争取最大的收益。由于建筑的间距非常小,走在街上有种喘不过气来的压抑感,这种氛围不禁使人联想到这里的股市每天上演的激烈博弈。据统计,在纽约从事金融业的职员中,有10万人在华尔街工作。因此,每天的上下班时间,整条街都拥堵不堪。华尔街的快节奏生活使这里的人们步履匆匆,无暇顾及身边事。不过由于是白领和顶级富豪的聚集地,人们的衣着都非常时髦光鲜,只要看到他们的穿戴,就能捕捉到这个季节时装的流行脉搏了。

众所周知,华尔街的标志是一座身长5米、体重6300公斤的铜牛塑像。设计者迪莫迪卡最早为它挑选的立足点是纽约证券交易所门前的人行道。当时,为了保证铜牛的安全,警察每晚8时在铜牛周围巡逻察看。当人们第一次看到这个身体健硕、鼻孔发光的庞然大物时,都被它浑身透着的"牛"气震住。不过,铜牛还是被搬到与华尔街斜交的百老汇大街上,在那里安了家。如今,它已成为"力量和勇气"的象征,似乎只要铜牛在，股市就能永保"牛"市。

大名鼎鼎的纽约证券交易所就坐落于华尔街11号。不过有趣的是，交易所的地理位置和名气有点不成正比：许多初来乍到的人都要在华尔街上转一圈才能找到交易所的入口。原来，它的正门并不在华尔街主道上，而是"藏"在了旁边一个不起眼的支道上。

在占地3700平方英尺的交易所大厅里，每天的股票交易高达25亿股，每笔交易只需不到一分钟的时间。华尔街制造着一夜暴富的神话，但也不乏令人心酸的回忆。1929年10月24日，美国许多家最有名望的企业股票突然急剧下跌，失去控制，最终导致几百万人破产，引发了那场美国著名的经济大萧条。此外，"9·11"事件也给华尔街繁荣的金融生活带来沉重打击，当时的遇难者大多数是活跃在华尔街各大金融机构的精英。事件发生后，人们用一面巨大的美国国旗包裹住证券交易所门前的石柱，以纪念那些不幸的亡灵。

11.
世界银行——世界上最大的银行？

世界银行向成员国提供优惠贷款，同时世界银行向受贷国提出一定的要求，比如减少贪污或建立民主等。

世界银行（WBG）是世界银行集团的俗称，"世界银行"这个名称一直是用于指国际复兴开发银行（IBRD）和国际开发协会（IDA）。这些机构联合向发展中国家提供低息贷款、无息信贷和赠款。世界银行是一个国际组织，其一开始的使命是帮助在第二次世界大战中被破坏的国家的重建，今天它的任务是资助国家克服穷困，各机构在减轻贫困和提高生活水平的使命中发挥独特的作用。

世界银行仅指国际复兴开发银行（IBRD）和国际开发协会（IDA）。"世界银行集团"则包括IBRD、IDA及三个其他机构，即国际金融公司、多边投资担保机构和解决投资争端国际中心。这五个机构分别侧重于不同的发展领域，但都运用其各自的比较优势，协力实现其共同的最终目标，即减轻贫困。

世界银行的工作经常受到非政府组织和学者的严厉批评，有时世界银行自己内部的审查也对其某些决定质疑。往往世界银行被指责为美国或西方国家施行有利于它们自己的经济政策的执行者，此外往往过快、不正确地、按错误的顺序引入的或在不适合的环境下进行的市场经济改革对发展中国家的经济反而造成破坏。世界银行的真正掌控者是世界银行巨头，他们最终的目的是追逐利润，现在的状况可以说是一个妥协的结果。

世界银行向政府或公共企业贷款，不过一个政府（或"主权"）必须保证贷款的偿还。贷款的基金主要来自发行世界银行债券，这些债券的信用被列为AAA（最高），因为成员国的分享资本支持它们，而且借款人有一个主权的保证。由于世界银行的信用非常高，它可以以非常低的利率贷款。由于大多数发展中国家的信用比这个贷款的信用低得多，即使世界银行向受贷人提取约1%的管理费，世界银行向这些国家的贷款对这些国家来说也是非常有吸引力的。

除此之外，世界银行集团的国际开发协会向最穷的国家（一般人均年收入少于500美元）提供"软"的贷款，贷款期约30年，不收利息。

国际开发协会的基金直接来自成员国的贡献。

世界银行向发展中国家提供长期贷款和技术协助来帮助这些国家实现它们的反贫穷政策。世界银行的贷款被用在非常广泛的领域中,从对医疗和教育系统的改革到诸如堤坝、公路和国家公园等环境和基础设施的建设。除财政帮助外,世界银行还在所有的经济发展方面提供顾问和技术协助。1996年詹姆斯·沃尔芬森当任总裁以来世界银行将其重点集中在反贪污运动上。有人认为这个做法违反了世界银行协议第10节第10款中规定的"非政治性"。不过世界银行在社会经济学的名义下曾多次涉及到国家改革以至于选举的活动。

近年来,世界银行开始放弃它一直追求的经济发展而更加集中于减轻贫穷。它也开始更重视支持小型地区性的企业,它意识到干净的水、教育和可持续发展对经济发展是非常关键的,并开始在这些项目中投巨资。作为对批评的反应,世界银行采纳了许多环境和社会保护政策来保证其项目在受贷国内不造成对当地人或人群的损害。虽然如此非政府组织依然经常谴责世界银行集团的项目带来环境和社会的破坏以及未达到它们原来的目的。

12. 货币与货币之间的交易

外汇交易就是一国货币与另一国货币进行交换。与其他金融市场不同,外汇市场没有具体地点,也没有中央交易所,而是通过银行、企业和个人间的电子网络进行交易。

"外汇交易"是同时买入一对货币组合中的一种货币而卖出另外一种货币。外汇是以货币对形式交易,例如欧元/美元(EUR/USD)或美元/日元(USD/JPY)。外汇交易市场也称为"Forex"或"FX"市场,是世界上最大的金融市场,2011年~2014年,全球外汇日均交易额已达到5.3万亿美元。目前,外汇交易越来越集中于主要金融中心——英国、美国、新加坡和日本,这四国交易额占外汇交易总额的71%。

从交易的本质和实现的类型来看,外汇买卖则可分为满足客户真实的贸易、资本交易需求进行的基础外汇交易;在基础外汇交易之上,为规避和防范汇率风险或出于外汇投资、投机需求进行的外汇衍生工具交易这两大类。属于第一类的基础外汇交易主要是即期外汇交易,而外汇衍生工具交易则包括远期外汇交易,以及外汇择期交易、掉期交易、互换交易等。

外汇交易主要有两个原因,大约每日的交易周转 5% 是由于公司和政府部门在国外买入或销售他们的产品和服务或者必须将他们在国外赚取的利润转换成本国货币,而另外95%的交易是为了赚取盈利或者投机。对于投机者来说,最好的交易机会总是交易那些最通常交易的(并且因此是流动量最大的)货币,叫作"主要货币"。大约每日交易的85%是这些主要货币,它包括美元、日元、欧元、英镑、瑞士法郎、加拿大元和澳大利亚元。

外汇交易市场是一个即时的24小时交易市场,外汇交易每天从悉尼开始,并且随着地球的转动,全球每个金融中心的营业日将依次开始,首先是东京,然后伦敦和纽约。不像其他的金融市场一样,外汇交易投资者可以对无论是白天或者晚上发生的经济、社会和政治事件而导致的外汇波动进行随时做出反应。

外汇交易市场是一个超柜台(OTC)或"银行内部"交易市场,因为事实上外汇交易是交易双方通过电话或者一个电子交易网络而达成的,外汇交易不像股票和期货交易市场那样,不是集中在某一个交易所里进行的。外汇交易主要有即期外汇交易、远期交易、套汇交易、套利交易、掉期交易、外汇期货、外汇期权交易等方式。

1. 即期外汇交易:又称现汇交易,是交易双方约定于成交后的两个营业日内办理交割的外汇交易方式。

2. 远期交易:又称期汇交易,外汇买卖成交后并不交割,根据合同规定约定时间办理交割的外汇交易方式。

3. 套汇交易:套汇是指利用不同的外汇市场、不同的货币种类、不同的交割时间以及一些货币汇率和利率上的差异,进行从低价一方买进,高价一方卖出,从中赚取利润的外汇交易方式。

4. 套利交易:利用两国货币市场出现的利率差异,将资金从一个市场转移到另一个市场,以赚取利润的交易方式。

5. 掉期交易：是指将币种相同，但交易方向相反，交割日不同的两笔或者以上的外汇交易结合起来所进行的交易。

6. 外汇期货：所谓外汇期货，是指以汇率为标的物的期货合约，用来回避汇率风险，它是金融期货中最早出现的品种。

7. 外汇期权交易：外汇期权买卖的是外汇，即期权买方在向期权卖方支付相应期权费后获得一项权利，即期权买方在支付一定数额的期权费后，有权在约定的到期日按照双方事先约定的协定汇率和金额同期权卖方买卖约定的货币，同时权利的买方也有权不执行上述买卖合约。

外汇市场，是从事外汇买卖的交易场所，或者说是各种不同货币相互之间进行交换的场所。外汇市场之所以存在，是因为：

1. 贸易和投资：进出口商在进口商品时支付一种货币，在出口商品时收取另一种货币。这意味着，它们在结清账目时，收付不同的货币，因此，他们需要将自己收到的部分货币兑换成可以用于购买商品的货币。与此相类似，一家买进外国资产的公司必须用当事国的货币支付，因此，它需要将本国货币兑换成当事国的货币。

2. 投机：两种货币之间的汇率会随着这两种货币之间供需的变化而变化。交易员在一个汇率上买进一种货币，而在另一个更有利的汇率上抛出该货币，他就可以盈利。投机大约占了外汇市场交易的绝大部分。

3. 对冲：由于两种相关货币之间汇率的波动，那些拥有国外资产（如工厂）的公司将这些资产折算成本国货币时，就可能遭受一些风险。当以外币计值的国外资产在一段时间内价值不变时，如果汇率发生变化，以国内货币折算这项资产的价值时，就会产生损益。公司可以通过对冲消除这种潜在的损益。这就是执行一项外汇交易，其交易结果刚好抵消由汇率变动而产生的外币资产的损益。

第七章

大崩溃？还是新的起点？
——世界经济开始大崩溃了吗

经济危机在全球范围内愈演愈烈，严重地影响着我们的生活，钱包缩水了，物价上涨了，甚至失业、破产等问题深深地渗透进了我们的日常生活。

1. 金融世界的"大地震"——次贷危机

> 房价突然走低,次级信用贷款者无力偿还时,银行把房屋出售,但却发现得到的资金不能弥补当时的贷款+利息,甚至都无法弥补贷款额本身。

次贷即"次级(Subprime)按揭贷款(Mortgage Loan)","次"的意思是指:与"高"、"优"相对应的,形容较差的一方,在"次贷危机"一词中指的是信用低,还债能力低。

次级抵押贷款是一个高风险、高收益的行业,指一些贷款机构向信用程度较差和收入不高的借款人提供的贷款。与传统意义上的标准抵押贷款的区别在于,次级抵押贷款对贷款者信用记录和还款能力要求不高,贷款利率相应地比一般抵押贷款高很多。那些因信用记录不好或偿还能力较弱而被银行拒绝提供优质抵押贷款的人,会申请次级抵押贷款购买住房。

在房价不断走高时,次级抵押贷款生意兴隆。即使贷款人现金流并不足以偿还贷款,他们也可以通过房产增值获得再贷款来填补缺口。但当房价持平或下跌时,就会出现资金缺口而形成坏账。

在美国,贷款是非常普遍的现象。当地人很少全款买房,通常都是长时间贷款。可是在这里失业和再就业是很常见的现象。这些收入并不稳定甚至根本没有收入的人,买房因为信用等级达不到标准,就被定义为次级信用贷款者,简称次级贷款者。

美国次级抵押贷款市场通常采用固定利率和浮动利率相结合的还款方式,即:购房者在购房后头几年以固定利率偿还贷款,其后以浮动利率偿还贷款。在2006年之前的5年里,由于美国住房市场持续繁荣,加上前几年美国利率水平较低,美国的次级抵押贷款市场迅速发展。随着美国住房市场的降温尤其是短期利率的提高,次贷还款利率也大幅上升,购房者的还贷负担大为加重。同时,住房市场的持续降温也使购房者出售住房或者通过抵押住房再融资变得困难。这种局面直接导致大批次贷的借款人不能按期偿还贷款,进而引发"次贷危机"。

2007年2月,汇丰银行宣布北美住房贷款按揭业务遭受巨额损失,减记108亿美元相关资产,次贷危机由此拉开序幕。受次贷风暴影响,当年8月,美国第五大投行贝尔斯登宣布旗下两只对冲基金倒闭,随后贝尔斯登、花旗、美林证券、摩根大通、瑞银等相继爆出巨额亏损。2008年3月中旬,贝尔斯登因流动性不足和资产损失被摩根大通收购。投资者的恐慌情绪开始蔓延。随后次贷危机愈演愈烈,华尔街整体陷入流动性危机。次贷危机后,不仅金融市场遭受全面打击,流动性出现严重不足,美国的经济也受到严重冲击。

1. 次贷危机对美国经济的影响。美国次级抵押贷款市场危机出现恶化迹象,引起美国股市剧烈动荡。投资者担心,次级抵押贷款市场危机会扩散到整个金融市场,影响消费信贷和企业融资,进而损害美国经济增长。但开始许多分析家认为,次级抵押贷款市场危机可望被控制在局部范围,对美国整体经济构成重大威胁的可能性不大。但是从后来的发展态势来看,次贷危机已经严重影响了世界经济。

首先,美国的许多金融机构在这次危机中"中标",而且次贷问题也远远超过人们的预期,如雷曼兄弟公司的倒下,以及大量银行的倒闭,使得许多企业的融资出现了很大的问题,像美国的汽车三巨头就因为融资的问题岌岌可危,最后是美国政府的援助,暂时缓解了它们的破产危机,但是仍然面临风险。

虽然在一开始尽管住房市场持续大幅降温,但美国经济并没有停滞不前。消费和投资增长抵消了住房市场降温的不利影响,并支持了经济的继续扩张,但是到了后来,人们才发现危机已经严重影响了自己的生活,要么失业,要么收入大幅下降,而前期的"假象"实际上是整个市场库存的调整暂时掩盖危机的影响。

其次,美国经济基本面强健,不乏继续增长的动力。这是因为美国的各方面仍然是世界最强的,如最新的世界大学排行榜显示美国的科技实力和创新力仍然是世界第一,在相当长的时间内没有国家和组织能撼动,而且美国的自我调节能力很强,像在上世纪70年代,美国进行战略收缩就有效地缓解了当时的危机。

再从外部环境看,其他国家的境况并不比美国好到哪儿去,而美元仍然是世界上最被信赖的货币,对美元的持有仍然在不断地增加,且呈现增长趋势,这也意味着美国的金融地位暂时无人能撼动。

最后,这次危机虽然不断地向其他经济产业蔓延,但整个世界都在积极地的采取应对措施,而美国金融体系相对成熟,市场发达,拥有各类对冲风险工具和渠道,这为缓解危机带来的影响提供了条件。

还有,美国联邦储备委员会及时向金融系统注入大笔资金,增加流动性,降低了局部问题恶化引发系统性危机的可能性。美联储在出手托市的同时还采取一切必要措施,促进金融市场有序运转。货币当局的行动和决心应有利于平息投资者的恐慌心理，限制市场恐慌对经济影响的放大效应。

2. 次贷危机对全球经济的影响。全球主要央行的银行家们一直在集中精力阻止美国次贷危机所导致的货币市场流动性短缺，相继注入大量现金。不仅如此，美联储还下调了贴现率。不过，很多债券产品特别是资产支持证券却依然低迷。除了担心信贷市场再次出现混乱外，中央银行家最担心的莫过于信贷市场动荡对全球经济的影响。

一般认为，次贷危机的发源地——美国会受到最大影响。乍一看，美国经济并没有受到次贷危机的影响：第二季度经济增长非常强劲；商业支出看起来很活跃；工资增长很稳定；拉低消费者支出的汽油价格正在下降。但仔细分析起来，前景就不那么光明了。

2008年7月中旬，美国房地产抵押贷款巨头"两房"遭受700亿美元巨额亏损，最终被美国政府接管。作为美国最大的汽车厂商，通用公司的股价跌至50余年来的最低水平，破产危机隐现。

随后美国第四大投资银行雷曼兄弟陷入严重财务危机并申请破产保护。美林证券被美国银行收购。华尔街的五大投行倒闭了3家。雷曼兄弟的破产，彻底击垮了全球投资者的信心，包括中国在内的全球股市持续暴跌，欧洲的情况尤为严重，诸多知名金融机构频频告急，欧元兑美元汇率大幅下挫。另外，西雅图的华盛顿互惠银行被美国联邦存款保险公司接管，成为美国有史以来倒闭的规模最大的银行。

房地产泡沫的破灭将继续阻碍生产的增长。更大的问题是，影响房价出现两位数下降的因素对在房地产泡沫鼎盛时期消费者大举借债的美国会产生什么影响。持乐观看法的人从消费者支出的反弹中得到些许安慰，但这可能是一个错误。房价呈两位数下降将使越来越多的抵押贷款借款人陷入财务困境。问题已经在其他消费者债务上显现出来，如信用卡违约率正在上升，贷款机构很可能面临更加棘手的局面。随着住房拥有者感到自己越来越穷，消费者支出必将受到抑制，特别是在股市持续下滑的情况下。

至于对世界其他地区经济的影响，《经济学家》认为可能也很严重。事实上，目前有很多人预计全球经济的强劲足以抵御美国的放缓，其理由是美国的经济增长已经疲软了一年多，但全球经济增长的态势一直很强劲。《经济学家》称这种乐观可能低估了次级贷款危机向其他国家的传递。传递的路线之一是金融蔓延，从加拿大到中国，全球都出现了投资次级债的损失。损失的广泛传播很容易被消化，但同时传播的紧张情绪和风险厌恶则不那么容易被消除。在过去发生的历次金融动荡中，新兴市场经济体都是最大的受害者。但这一次可能会有所不同，发达国家，特别是银行涉入美国次级贷款危机很深的欧洲国家，可能更为焦虑。很多新兴市场经济体得益于庞大的外汇储备和经常项目顺差，可以很好地经受住投资者大举撤离的考验。在欧洲发达国家，投资次级债的损失和投资者的紧张情绪可能会迫使银行勒紧腰带，削弱国内支出的增长。

据有关调查表明，从 2010 年起，欧洲其他国家也开始陷入危机，西班牙、爱尔兰、葡萄牙和意大利等国同时遭遇信用危机，整个欧盟都受到债务危机的困扰，受影响国家的 GDP 占欧元区 GDP 的 37% 左右。由于欧元汇率大幅下跌，欧洲股市暴跌，整个欧元区面临成立 10 多年来最严峻的考验。

即使控制了直接的金融蔓延，美国的次贷危机也可能产生心理蔓延，特别是房价的重估。尽管在美国不计后果向高风险借款人放贷的规模比世界其他地方更大，房价的膨胀一直比美国更为严重的英国、西班牙等国更容易受到房价泡沫破灭的打击。

3. 次贷危机对中国经济的影响。次贷危机对中国经济的影响主要表现在影响我国的出口，导致我国面临经济增长趋缓和严峻就业形势的双重压力，加大我国的汇率风险和资本市场风险。

首先，次贷危机主要影响我国出口。次贷危机引起美国经济及全球经济增长的放缓，对中国经济的影响不容忽视，这其中最主要是对出口的影响。2007年，由于美国和欧洲的进口需求疲软，我国月度出口增长率已从2007年2月的51.6%下降至12月的21.7%。美国次贷危机造成我国出口增长下降，一方面将引起我国经济增长在一定程度上放缓，同时，由于我国经济增长放缓，社会对劳动力的需求小于劳动力的供给，将使整个社会的就业压力增加。

其次，我国将面临经济增长趋缓和严峻就业形势的双重压力。截止到2009年底我国CPI已连续两个月低于4%，分别为10月4.0%，11月2.4%，PPI为10月3.2%，11月2%，经济形势非常严峻，第三季度的GDP增长率只有9%，11月份的工业企业的利润率只有4.9%，实体经济尤其是工业面临巨大压力。大量的中小型加工企业的倒闭，也加剧了失业的严峻形势，现在我们国家头等的经济大事就是保增长，促就业。

最后，次贷危机将加大我国的汇率风险和资本市场风险。为应对次贷危机造成的负面影响，美国采取宽松的货币政策和弱势美元的汇率政策。美元大幅贬值给中国带来了巨大的汇率风险，导致中国的外汇储备已经从超过1.9万亿美元减少到1.89万亿美元，美元贬值10%—20%的存量损失是非常巨大的。在发达国家经济放缓、我国经济持续增长、美元持续贬值和人民币升值预期不变的情况下，国际资本加速流向我国寻找避风港，将加剧我国资本市场的风险。

次贷风暴还表明，纵使在美国这样金融业高度发达的国家，大众层面的金融文化仍有待提高。种种报道表明，在美国申请次级抵押的信贷者中，许多人甚至不知何为复利，亦不会计算未来按揭成本，但仍然兴致勃勃申请了自己本无力偿还的房贷，住进自己本无力购买的房屋。如此行事者大有人在，然而，大众性癫狂永远无法战胜市场涨跌无常的铁律，泡沫的突然破裂必然会给经济社会带来巨大的创痛，首当其冲者正是误入泡沫丛中的弱势群体。

此轮次贷风暴还对现有美国金融体制提出了诸多挑战。可以想见，从长远计，危机必然成为市场革旧布新的重大契机。

2.
世界经济遭遇了大风暴

近年来的金融危机越来越呈现出某种混合形式，往往伴随着企业大量倒闭，失业率提高，社会普遍的经济萧条，甚至有些时候伴随着社会动荡或国家政治层面的动荡。

金融危机又称金融风暴（The Financial Crisis），是指一个国家或几个国家与地区的全部或大部分金融指标（如：短期利率、货币资产、证券、房地产、土地价格、商业破产数和金融机构倒闭数）的急剧、短暂和超周期的恶化。

然而，在金融危机之间，存在着本质的不同。当前的危机标志信贷扩张时代的终结，这个时代是建立在作为全球储备货币的美元基础上的。其他周期性危机则是规模较大的繁荣－萧条过程中的组成部分。

繁荣－萧条周期通常围绕着信贷状况循环出现，同时始终会涉及到一种偏见或误解。这通常是未能认识到贷款意愿和抵押品价值之间存在一种反身（reflexive）、循环的关系。如果容易获得信贷，就带来了需求，而这种需求推高了房地产价值；反过来，这种情况又增加了可获得信贷的数量，当人们购买房产，并期待能够从抵押贷款再融资中获利，泡沫便由此产生。

每当信贷扩张遇到麻烦时，金融当局都采取了干预措施，（向市场）注入流动性，并寻找其他途径，刺激经济增长。这就造就了一个非对称激励体系，也被称之为道德风险，它推动了信贷越来越强劲的扩张。这一体系是如此成功，以至于人们开始相信前美国总统罗纳德·里根（Ronald Reagan）所说的"市场的魔术"——又称之为"市场原教旨主义"（market fundamentalism）。原教旨主义者认为，市场会趋于平衡，而允许市场参与者追寻自身利益，将最有利于共同的利益。这显然是一种误解，因为使金融市场免于崩盘的并非市场本身，而是当局的干预。不过，市场原教旨主义上世纪80年代开始成为占据主宰地位的思维方式，当时金融市场刚开始全球化，美国则开始出现经常账户赤字。

全球化使美国可以吸取全球其他地区的储蓄，并消费高出自身产出的物品。美国商务部的一份报告显示，2014年第三季度经常账户赤字从989亿美元扩大到1135亿美元，这是自2012年第二季度以来最大缺口。第四季度经常账户赤字占到GDP的2.6%，创2012年第四季度以来最高比重。2014年全年经常账户赤字占GDP比重仍维持在 2.4%。

金融危机的产生多数是由经济泡沫引起的，以 21 世纪最大的美国金融危机来举例，可以看出金融危机产生的原因。造成这次危机的背景是复杂的、多方面的：

1. 美国的消费习惯。借钱（贷款）消费是普遍的生活方式。原因：收入轨道模式。年轻人钱少，但消费多；老年人退休后享受优越的退休金，但消费相对少。所以，年轻人多借钱消费（包括向父母借钱，这与中国不同）。而且，美国发达、完善的信用体制使几乎所有人的消费靠借钱来完成。美国人的储蓄率历来很低，近年来，一直在零储蓄率上徘徊。要消费，只能靠借钱。经济增长模式。美国的经济增长主要依靠消费驱动，且美国居民平均消费率高于同一发展阶段世界各国居民消费率的均值，处于前列水平。相关研究表明，美国 1929 年～2010 年居民个人消费占个人可支配收入的比重高达 90.2%。

2. 经济管理思想。自上世纪 70 年代发生经济"滞涨"以后，凯恩斯主义的"国家干预"政策遭到新古典自由主义的强烈批评，此后，新自由主义思潮受到追捧。80 年代的"华盛顿共识"所倡导的"经济自由、私有化、减少管制"成为指导西方国家经济走向的主要道具。

3. 经济环境与具体政策工具。美国 2000 年后陷入高科技泡沫破裂后的短暂衰退之中，在美联储前主席格林斯潘的主持下，连续 13 次大幅度消减联邦基准利率，从最高 6.5% 下降到 1%，强行向市场注入流动性资金，扼住了经济下滑，也拉动了美国房地产连续多年繁荣。此为次贷危机乃至金融危机爆发的直接导火线。需要理解的是，21 世纪的最初几年里，同样的低利率政策，为什么美国偏偏房地产行业得以相对发展，而不是其他行业呢？原因是网络等高科技产业高速发展导致的泡沫破灭后,进入一个成长停滞期,抑制了大量资金对该行业的投入;20世纪六七十年代,随着劳动力成本的不断提升,美国制造业,尤其是劳动密集型产业大量外移,形成国内产业空心化,加之服务业在繁荣之后的替代更新需要一定的时滞期,所以,这些行业投资机会较少。从90年代开始,美国的房产一直处于稳定的状态,在这种情况下,流动性资金开始注入该行业。

金融危机可以分为货币危机、债务危机、银行危机、次贷危机等类型。近年来的金融危机越来越呈现出某种混合形式的。其特征是人们基于经济未来将更加悲观的预期,整个区域内货币值出现幅度较大的贬值,经济总量与经济规模出现较大的损失,经济增长受到打击。往往伴随着企业大量倒闭,失业率提高,社会普遍的经济萧条,甚至有些时候伴随着社会动荡或国家政治层面的动荡。

外部因素引起金融危机、金融危机国际传染并非近年方才出现的现象。1873年,德国和奥地利经济繁荣,吸引资本留在国内,对外信贷突然中止,导致美国杰·库克公司经营困难;1890年,伦敦巴林兄弟投资银行对阿根廷债权发生支付危机,加之当年10月纽约发生金融危机,伦敦一系列企业倒闭,巴林银行几乎于当年11月份倒闭,只是在英格兰银行行长威廉·利德代尔牵头组织的银团担保基金救助下方才得以幸免,但英国对南非、澳大利亚、美国和其他拉丁美洲国家的贷款因此事而锐减,致使上述国家和地区的经济危机一直持续到1893年;1928年春,纽约股市开始繁荣,汲干了本可投向拉丁美洲的信贷源泉,导致上述国家和地区陷入经济萧条。中止发放海外信贷很可能加速海外经济衰退,后者又会反过来对导致这些国家发生影响。

20世纪90年代,伴随着国际游资的膨胀,国际货币、金融危机频繁爆发，根据巴里·艾森格林和迈克尔·博多在2001年完成的一项研究，现在随机挑出的一个国家爆发金融危机的概率都比1973年大1倍，国际货币、金融危机的传染性也大大增强，往往爆发不久就如同传染病一样迅速从最早爆发危机的国家或地区蔓延到其他国家和地区。舆论界留下了许多描绘这一现象的词汇：1994年墨西哥危机的"龙舌兰酒效应"、"亚洲流感"、"俄罗斯病毒"等等不一而足，而对货币、金融危机传染机制的研究也迅速兴起。由于多种危机传染机制需要在资本项目和金融市场开放条件下才能实现，在很大程度上，我国依靠资本项目的适度管制和金融服务市场低开放度而在1997年亚洲金融危机中幸免于难，但时至今日，随着我国经济金融形势的变化，尽管我国资本项目仍未完全开放，危机传染的风险已经大大上升，震撼国际金融市场的美国次贷危机给我们敲响了警钟，表明国际金融危机传染机制出现了新特点。

广义的货币、金融危机的国际传染渠道可以划分为非偶发性传染渠道、偶发性传染渠道两大类，前者指在危机爆发前的稳定期和危机期都同样存在的传染渠道；后者指仅出现于危机爆发后的传染渠道。由于第一类传染渠道源于国家或地区间实际的经济金融联系，危机的传染来自宏观经济基本面的变动，因此又称为"真实联系渠道"，或"基于基本面的传染"，主要包括贸易联系与竞争性贬值、政策调整、随机总需求流动性冲击等途径。偶发性传染与经济基本面无关，仅仅是投资者或金融市场其他参与者行为（特别是非理性行为）的结果，因而又有"真正的传染"、"纯粹的传染"之称，主要包括内生流动性冲击、多重均衡和唤醒效应、政治影响传染等途径。但这些传染机制往往是建立在贸易联系和"中心"国家对"边缘"国家投资的基础之上，是因为来自发达国家的机构投资者纷纷弃新兴市场资产而追逐母国优质资产所致。而就美国次贷危机对中国的影响而言，贸易联系与外国对华投资机制的作用可能并不十分关键，反而是中国对外投资和中国企业海外上市可能成为最主要的危机传染途径，而且这样的危机传染途径的重要性还会日趋提升。

3.
企业会破产，国家也会破产吗

国家有别于企业的最显著特点是"国家主权神圣不可侵犯"。然而随着国家债务危机的日益严重，国家也面临着破产危机。

破产，如同一场噩梦，与企业如影随形，那些资不抵债者最终会在《破产法》的框架内或者拍卖变现或者资产重组以获新生，而旧有商号如一块随风飘摇的破布很快在人们的记忆中消失得无影无踪。但是，也有一些企业却能在濒临绝境时，命运大逆转，以收归国有的代价得以继续存在于世，在美国次贷危机及其引发的全球金融危机中，有不少金融机构出于维护市场信心及稳定局势需要被收归国有。国家成了这场几十年来不遇的金融灾难面前唯一的最后的靠山。银行破产可以选择收归国有，"国家破产"了，又该收归谁有？

国家债务危机之所以复杂就是因为它没有与之相适应的法律程序，国家与公司的不同之处在于国家无法寻求破产法庭的保护，这样，国内破产法中诸如公正的法官、起诉保护以及在债权人有异议的情况下强制进行非破产重组等条款在国家借款人破产的情况下都不存在了。制度改革者面临的两难困境就是既要把这个国际金融体系中的漏洞补上，又不能把新兴市场上的投资者全都吓跑。

在2008年全球金融危机中有了新的案例：冰岛面临"国家破产"的危险。一个人口只有32万的迷你型国家，金融产业在国民经济中的比重远远超过其他产业，该国金融业在这次全球信贷危机中损失惨重，其金融业外债已经超过1383亿美元，而冰岛国内生产总值仅为193.7亿美元！一个企业倘若身陷此等困境，唯有破产一条路可走。那么，理论上濒临"国家破产"的冰岛会不会破产呢？

国家会破产吗？答案是肯定不会。理由有很多，其中最重要的一条是，国家有别于企业的最显著特点是"国家主权神圣不可侵犯"。在结束了帝国殖民时代之后，这一原则日益成为国际共识，成为大小贫富悬殊国家之间交往的原则。所以，对于那些贫困国家，尽管外债缠身，理论上足够"破产"几百次，但是并没有被拍卖掉，这些穷国家也没有随之在国际政治版图上消失，沦落为其他债权国家的"新殖民地"；反过来说，倘若国际间有"国家破产"的"市场空间"，那么，美国仅举华尔街上的一个个富可敌国的金融大佬之力，就可以用经济手段，兵不血刃地将一个个破产小国收入囊中，如此一来，世界就依然是"强权政治"的天下。显然，让"国家破产"成为可能，就意味着对弱肉强食的霸权政治放行，最终破坏基于历史、文化、民族、宗教等渊源而形成的民族国家之间的脆弱国际平衡。

"国家破产"更像是一个形容词，以体现一国经济形势之危急，而不是一个动词，并不预示着一个国家马上就会改换门庭。就拿冰岛来说，纵然外债远超过其国内生产总值，但是依然可以在现有的国际秩序框架内找到克服时艰的途径，比如向俄罗斯这样的大国借债，还可以寻求国际货币基金组织（IMF）的援助。其实，早在2002年，IMF就曾经编订过主权国家破产方案，但是其目的不是为了剥夺某个国家的主权，而是建立一种"破产保护"的国际金融机制，让那些负债累累的国家得以申请"破产保护"，并使债务国能够尽快走出危机。

为了回避国家主权问题，曾有学者提出"主权政府破产"的概念，即一个主权国家的政府不能偿还其应偿付的债务时，用其所拥有的金融资产偿还其外债，不足的部分不予偿还，政府宣布解散，由本国人民推举组成新一届政府，原政府主要组成人员不得再在政府中任职，债权人亦不得再向新政府要求偿付原未得到清偿的债务——听起来也算是一种"破产"，但更像是专为债务国逃避外债而设计的"金蝉脱壳"之计，缺乏对债权人的诚信意识。

由于全球经济低迷不振，发展中国家的债务问题日趋严重，因不能按时偿还债务的国家正在不断增加。全球著名的信用评级公司标准普尔发表报告指出，全球共有6个国家在2002年头三个季度里不能按时偿还到期的债务，处于"破产"状态，从而使全球无力偿还债务的国家总数达到了28个。以希腊为例，2010年其财政预算赤字占GDP比重为12.7%，政府负债占GDP比重123%，远高于欧元区《稳定与增长公约》所设定的3%和60%的上限，成为欧元区负债比的"双料冠军"，所有数据都显示该所已处崩溃边缘。

从2010年春开始，全球系统性危机进入新的阶段，那就是，西方主要国家的公共财政将变得难以管理。庞大的预算赤字庞大的规模又抑制了未来政府做出任何重大的支出。随着未来的经济危机越发严重，会有更多的国家陷入国家破产中。

因此各国也想尽办法解决债务的问题,以遏制经济危机的恶化。20世纪80年代的时候,人们为了解决债务危机而同银行进行了旷日持久的谈判。进入了90年代,新兴国家的债券兴起从而使得问题的解决更加复杂化。把分属于不同司法制度下的、拥有各种各样债券的不同投资者组织起来可以说是一场噩梦,其中最大的问题就是如何推动债权人的共同行动。根据博弈论的原理,债权人的联合行动会使所有债权人以及债务国的总体福利水平达到最优,而单从个人角度考虑,债务的全额支付会达到个体的福利最大化,这样债权人追求个体福利最大化的行动非但不能达到其个人的福利最大化,反而会使整体和个体的福利水平都下降,这就是所谓的"最后一人综合症"。

受纽约法律管辖的债券体系总是培养这种单独追求个体福利最大化的债权人,所以要改进国家违约解决机制就要想办法把这些"自私"的债权人整合到集体行动之中,理想的解决方案甚至还要将不同的资产、不同的法律制度结合起来,为国家发行新债提供一个法律平台。将债权人组织起来之后进行债务重组不失为一个解决债务危机的好方法,俄罗斯、乌克兰和厄瓜多尔都进行了类似的债务重组,当然这种方法还有待提高。

那么,有什么办法可以阻止那些"自私"的债权人破坏债务重组过程,又该通过什么样的方式将债权人组织起来共同行动呢?在这一点上可谓众说纷纭,但基本观点可以分成两大派,一派是以国际货币基金组织(IMF)为代表的,他们主张从法律层面上进行改革,以规定债权人联合行动的机制;另一派则是以美国财政部为代表的"合同自愿派",即通过在债券发行合同上增加"多数债权人可进行债务重组"的条款来为债务危机提供解决机制。

4.
谁是经济泡沫幕后推手

> 流动性过剩是通货膨胀的前兆，从流动性过剩到通货膨胀只有一步之遥。

当前，流动性过剩（Excess Liquidity）已经成为中国经济乃至全球经济的一个重要特征。所谓"流动性"，实际上是指一种商品对其他商品实现交易的难易程度。衡量难易程度的标准是该商品与其他商品实现交易的速度。当该商品与其他商品交易速度加快，也就是非常容易实现交易的时候，流动性就会出现过剩；当该商品与其他商品的交易出现速度减缓，也就是实现交易非常困难的时候，流动性就会出现不足。

在一般的宏观经济分析中，流动性过剩被用来特指一种货币现象。也就是说，在现实的经济分析中，上面定义当中的基准商品仅仅被当作货币，因为货币本质上也是一种商品。欧洲中央银行（ECB）就把流动性过剩定义为实际货币存量对预期均衡水平的偏离。

通胀的定义也有多种，但通胀的基本特征包括两个方面：第一，流通中的货币出现膨胀状态，即货币贬值；第二，一般商品和劳务的价格普遍地、持续地上涨。注意普遍和持续这两个概念有助于把通货膨胀和其他的物价上涨现象区分开来。Inflation除了通货膨胀的意思之外，还有信用膨胀、物价暴涨的含义，从这些字意上我们也可以了解到，货币过多和信用膨胀，物价持续普遍上涨是三位一体，不可分割的。

那么，流动性过剩与通货膨胀是什么关系呢？我们知道，预期货币存量均衡水平实际对应着合意的物价水平。当我们说流动性过剩，即货币超发时，预期均衡的货币存量没有变化，此时，物价没有出现普遍、持续的上涨。但是，由于实际货币存量已经超过合意水平，物价水平有可能普遍上涨，从而出现通货膨胀，这中间存在一定的时滞。如果中央银行此时能够控制货币发行并使实际货币存量回归到预期的均衡水平，那么物价水平普遍、持续上涨就有可能不会发生；反之，物价水平就可能出现普遍、持续上涨。

这里，又不得不涉及货币的本质、货币如何超发以及从货币超发到物价普遍上涨之间的传递机制问题。在马歇尔那里，"货币"一词有较大的伸缩性，如果没有相反的意义，"货币"可以看成是"通货"的同义语。在金融市场上，"货币的价值"在任何时候都等于贴现率或短期贷款所收的利率。在托马斯·梅耶那里，足值的商品货币指的是作为商品的价值和作为交换中介的价值完全相等的货币。如果货币作为商品自身的价值不能与它作为货币的价值完全相等，且不能用以（直接）兑换商品，就称为信用货币。

货币实质上是中央银行代替社会发行的一部分人对另一部分人的负债。信用货币表明了一种债权债务关系，而流通纸币则实际上是一种特殊形式的债券。当存在流动性过剩时，货币与其他商品实现交易的速度大大加快了。这表明，持有货币的债权人希望尽快把货币与其他商品交换，实现自己的债权。由于所有的债权人都希望用货币换回其他商品，货币就出现了贬值的压力。货币流通速度越快，则货币贬值压力越大。这时，如果货币持有人手中的债券无法得到等值的偿还，就会发生抢购风潮，物价飞涨，整个社会就会发生通货膨胀。

中国虽然在上世纪90年代中期发生过严重的通货膨胀，但是，近几年M2与GDP继续维持高位，却没有发生通货膨胀，一般认为有以下几个原因：

第一，从货币超发压力到全社会物价水平的普遍、持续上涨有一定的时滞。由于现代信用货币的复杂性，货币超发压力往往不会立即导致物价的广泛上涨。这种滞后期的长短往往取决于宏观经济数据的准确程度、不同价格指数的重视程度、社会公众和企业对宏观经济的预期以及国家货币和财政部门对于通胀的态度。我们看到，现实经济中货币发行量尽管已经在高位运行数年，而消费物价指数可能仍然是负数；而当货币当局为了抑制通胀将各个口径的货币发行降下来时，消费物价指数可能仍然在上涨。如此，物价上涨相对于货币超发压力的滞后效应，仍然会造成反通胀理论和政策上的混乱。例如，一些观点认为，我国货币多发根本不会带来物价上涨压力，应当以货币超发来抑制有效消费需求不足导致的价格下降。这样的论点把时滞效应理解成了货币多发与物价上涨没有必然联系。"通货"的"膨胀"，并不会立刻带来"通货膨胀"，但时间上的不一致并不能否认货币超发是全社会物价水平普遍、持续上涨的最基本的成因。

第二，收入差距扩大。财富向少数人集中，而富人的边际消费倾向比较低。居民把大量的收入存入银行作为养老金、医疗费用以及子女的教育费用。

第三，消费品企业的激烈竞争，阻断了商品价格水平从原材料到工业消费品价格的传递，从不动产和资产价格到普通居民消费品价格的传递。

但是，我们也要明确，资产价格膨胀也会导致通货膨胀。上世纪80年代末，日本股票价格和不动产价格急剧上升，但物价指数却相当平稳，因而没有提高利息率，紧缩银根。泡沫破裂后，日本陷入战后最严重的经济危机。

所以，流动性过剩是通货膨胀的前兆，从流动性过剩到通货膨胀只有一步之遥。

流动性过剩问题的解决可以采取以下措施：

首先，改变信贷投向结构，大力开发中小企业和个人信贷市场。通过营造良好的金融生态环境，规范金融生态秩序，强化全社会信用体系建设，建立以保护债权为中心的规范有序的社会法律和信用环境，消化中国持续增长的国民储蓄。

其次，大力发展资本市场，调整金融市场结构。鼓励合规资金进入股票等资本市场，鼓励和扩大企业通过发债方式筹措资金，培养机构投资者，使之成为资本市场的主导力量。建立统一的全国债券市场、多元化的市场风险配置机制，有效配置金融资源。

最后，鼓励、支持银行业的产品创新，调整金融产品结构，疏导流动性。要拓展商业银行的运作空间；发展货币市场基金，发展包括资产证券化，以债券为基础的衍生工具以及多种组合的利率、汇率产品和债券品种系列等新产品，发展公司和私人理财增值服务。发展商业银行资产负债表外的理财托管产品，逐渐改变商业银行的生存方式。

5. 市场失灵

最常见对市场失灵的反应是由政府部门产出部份分产品及劳务。然而，政府干预亦可能造成非市场的失灵。

市场失灵是指市场无法有效率地分配商品和劳务的情况。对经济学家而言，这个词汇通常用于无效率状况特别重大时，或非市场机构较有效率且创造财富的能力较私人选择为佳时；另一方面，市场失灵也通常被用于描述市场力量无法满足公共利益的状况。在此着重于经济学主流的看法。市场失灵在某些经济体的存在通常引起究竟应否由市场力量引导运作的争论，而这也产生要用什么来取代市场的争议。最常见对市场失灵的反应是由政府部门产出部分产品及劳务，然而，政府干预亦可能造成非市场的失灵。市场失灵的原因主要有：公共产品、垄断、外部影响和非对称信息。

1.公共产品。经济社会生产的产品大致可以分为两类，一类是私人物品，一类是公共物品。简单地讲，私人物品是只能供个人享用的物品，例如食品、住宅、服装等。而公共物品是可供社会成员共同享用的物品。严格意义上的公共物品具有非竞争性和非排他性。非竞争性是指一个人对公共物品的享用并不影响另一个人的享用，非排他性是指对公共物品的享用无须付费，例如国防就是公共物品。它带给人民安全，公民甲享用国家安全时一点儿都不会影响公民乙对国家安全的享用，并且人们也无须花钱就能享用这种安全。

2. 垄断。对市场某种程度的（如寡头）和完全的垄断不可能使得资源的配置缺乏效率。对这种情况的纠正需要依靠政府的力量，政府主要通过对市场结构和企业组织结构的干预来提高企业的经济效率。这方面的干预属于政府的产业结构政策。

3. 外部影响。市场经济活动是以互惠的交易为基础，因此市场中人们的利益关系实质上是同金钱有联系的利益关系。例如，甲为乙提供了物品或服务，甲就有权向乙索取补偿。当人们从事这种需要支付或获取金钱的经济活动时，还可能对其他人产生一些其他的影响，这些影响对于他人可以是有益的，也可以是有害的。然而，无论有益还是有害，都不属于交易关系。这些处于交易关系之外的对他人的影响被称为外部影响，也被称为经济活动的外在性。例如，建在河边的工厂排出的废水污染了河流，对他人造成损害。工厂排废水是为了生产产品赚钱，工厂同购买它的产品的顾客之间的关系是金钱交换关系，但工厂由此造成的对他人的损害却可能无需向他人支付任何赔偿费，这种影响就是工厂生产的外部影响。当这种影响对他人有害时，就称之为外部不经济；当这种影响对他人有益时就称之为外部经济，比如你摆在阳台上的鲜花可能给路过这里的人带来外部经济。

4. 非对称信息。由于经济活动的参与人具有的信息是不同的，一些人可以利用信息优势进行欺诈，这会损害正当的交易。当人们对欺诈的担心严重影响交易活动时，市场的正常作用就会丧失，市场配置资源的功能也就失灵了。此时市场一般不能完全自行解决问题，为了保证市场的正常运转，政府需要制定一些法规来约束和制止欺诈行为。

市场机制配置资源的缺陷具体表现在收入与财富分配不公、外部负效应问题、竞争失败和市场垄断的形成、失业问题、区域经济不协调问题、公共产品供应不足、公共资源过度使用。

1. 收入与财富分配不公。这是因为市场机制遵循的是资本与效率的原则。资本与效率的原则又存在着"马太效应"。从市场机制自身作用看，这是属于正常的经济现象，资本拥有越多在竞争中越有利，效率提高的可能性也越大，收入与财富向资本与效率也越集中；另一方面，资本家对其雇员的剥夺，使一些人更趋于贫困，造成了收入与财富分配的进一步拉大。这种拉大又会由于影响到消费水平而使市场相对缩小，进而影响到生产，制约社会经济资源的充分利用，使社会经济资源不能实现最大效用。

2. 外部负效应问题。外部负效应是指某一主体在生产和消费活动的过程中，对其他主体造成的损害。外部负效应实际上是生产和消费过程中的成本外部，但生产或消费单位为追求更多利润或利差，会放任外部负效应的产生与蔓延。如化工厂，它的内在动因是赚钱，为了赚钱对企业来讲最好是让工厂排出的废水不加处理而进入下水道、河流、江湖等，这样就可减少治污成本，增加企业利润，从而对环境保护、其他企业的生产和居民的生活带来危害。社会若要治理，就会增加负担。

3. 竞争失败和市场垄断的形成。竞争是市场经济中的动力机制。竞争是有条件的，一般来说竞争是在同一市场中的同类产品或可替代产品之间展开的。一方面，由于分工的发展使产品之间的差异不断拉大，资本规模扩大和交易成本的增加，阻碍了资本的自由转移和自由竞争；另一方面，由于市场垄断的出现，减弱了竞争的程度，使竞争的作用下降。造成市场垄断的主要因素：

①技术进步;

②市场扩大;

③企业为获得规模效应而进行的兼并。一当企业获利依赖于垄断地位,竞争与技术进步就会受到抑制。

4. 失业问题。失业是市场机制作用的主要后果,一方面从微观看,当资本为追求规模经营,提高生产效率时,劳动力被机器排斥;另一方面从宏观看,市场经济运行的周期变化,对劳动力需求的不稳定性,也需要有产业后备军的存在,以满足生产高涨时对新增劳动力的需要。劳动者的失业从宏观与微观两个方面满足了市场机制运行的需要,但失业的存在不仅对社会与经济的稳定不利,而且也不符合资本追求日益扩张的市场与消费的需要。

5. 区域经济不协调问题。市场机制的作用只会扩大地区之间的不平衡现象,一些经济条件优越,发展起点较高的地区,发展也越有利。随着这些地区经济的发展,劳动力素质、管理水平等也会相对较高,可以支付给被利用的资源要素的价格也高,也就越能吸引优质的各种资源,以发展当地经济。那些落后地区也会因经济发展所必需的优质要素资源的流失而越发落后,区域经济差距会拉大。再有就是因为不同地区有不同的利益,在不同地区使用自然资源过程中也会出现相互损害的问题,可以称之为区域经济发展中的负外部效应:江河上游地区林木的过量开采,可能影响的是下游地区居民的安全和经济的发展。这种现象造成了区域间经济发展的不协调与危害。

6. 公共产品供给不足。公共产品是指消费过程中具有非排他性和非竞争性的产品。所谓非排他性也就是一当这类产品被生产出来,生产者不能排除别人不支付价格的消费。因为这种排他性,一方面在技术上做不到，另一方面却使技术上能做到，但排他成本高于排他收益。所谓非竞争性是因为对生产者来说，多一个消费者、少一个消费者不会影响生产成本，即边际消费成本为零，而对正在消费的消费者来说，只要不产生拥挤也就不会影响自己的消费水平。这类产品如国防、公安、航标灯、路灯、电视信号接收等，所以这类产品又叫非盈利产品。从本质上讲，生产公共产品与市场机制的作用是矛盾的，生产者是不会主动生产公共产品的，而公共产品是全社会成员所必须消费的产品，它的满足状况也反映了一个国家的福利水平。这样一来，公共产品生产的滞后与社会成员与经济发展需要之间的矛盾就十分尖锐。

7. 公共资源的过度使用。有些生产主要依赖于公共资源，如渔民捕鱼、牧民放牧，他们使用的就是以江湖河流这些公共资源为主要对象，这类资源既在技术上难以划分归属，又在使用中不宜明晰归属。正因为这样，由于生产者受市场机制追求最大化利润的驱使，往往会对这些公共资源出现掠夺式使用，而不能给资源以休养生息。有时尽管使用者明白长远利益的保障需要公共资源的合理使用，但因市场机制自身不能提供制度规范，又担心其他使用者的过度使用，出现使用上的盲目竞争。

6. 厉行节俭反而衰败了

> 节约的悖论是根据凯恩斯主义的国民收入决定理论推导出来的结论,它在资源没有得到充分利用的情况下是存在的,是短期的。

"节约悖论"是凯恩斯最早提出的一种理论,也称为"节俭悖论"、"节约反论"、"节约的矛盾"。节约的悖论是根据凯恩斯主义的国民收入决定理论推导出来的结论,它在资源没有得到充分利用的情况下是存在的,是短期的。长期中或当资源得到充分利用时,节约的悖论是不存在的。凯恩斯的国民收入决定分析,是在非自愿失业存在的前提下进行的短期、静态分析。另外,还要注意到凯恩斯的分析是一种总量分析,没有具体分析消费结构与收入结构。根据凯恩斯主义的国民收入决定理论,消费的变动会引起国民收入同方向变动,储蓄的变动会引起国民收入反方向变动。根据储蓄变动引起国民收入反方向变动的理论,增加储蓄会减少国民收入,使经济衰退,是恶的;减少储蓄会增加国民收入,使经济繁荣,是好的,这种矛盾被称为"节约悖论"。

1936年凯恩斯在《就业、利息和货币通论》中提出了著名的节约悖论,他引用了一则古老的寓言:有一窝蜜蜂原本十分繁荣兴隆,每只蜜蜂都整天大吃大喝。后来一个哲人教导它们说,不能如此挥霍浪费,应该厉行节约。蜜蜂们听了哲人的话,觉得很有道理,于是迅速贯彻落实，个个争当节约模范。但结果出乎意料，整个蜂群迅速衰败下去，从此一蹶不振了。

经济大萧条时期的景象就是节约悖论的一个生动而可叹的例子。由于人们对未来预期不抱任何希望，所以大家都尽量多储蓄。但是，他们不愿意消费的心理和行为又导致其收入继续下降。

凯恩斯上述思想也可通过数学方式推导出来，以最简单的两部门经济为例：

其国民收入均衡的条件是 I=S，即投资＝储蓄。

其中 S=Y-C，即储蓄＝国民收入－消费

而消费则被假定为一线性函数：$C=C_0+cY$，其中 C_0 为不受收入影响的自发消费，c 为边际消费倾向，即增加的消费占增加的收入的比重。由于假定边际消费倾向不变，c 同时也为平均消费倾向，即消费占收入的比重。

于是有：$S = -C_0 + (1-c)Y$

又假定投资固定不变，即：$I = I_0$

于是得两部门经济国民收入决定方程：

$I_0 = -C_0 + (1-c)Y$

解之得：

均衡的国民收入 $Y^* = (C_0+I_0)/(1-c)$

在这一式子中，c 作为边际消费倾向，是一个小于 1 的数，当 c 变大时，$1/(1-c)$ 的值变大，国民收入 Y^* 增加；当 c 变小时，$1/(1-c)$ 值变小，国民收入 Y^* 变小。这意味着，当国民增加消费在收入中的比例时，将会导致更多的国民收入，使整个经济呈现繁荣局面；当国民降低消费在收入中的比例时，则会引起国民收入下降，使整个经济陷入衰退。简而言之，就是：挥霍导致繁荣，节约导致萧条，这就是开头提到

的"节约的悖论"。

"节约的悖论"提出来以后，常常使人迷惑不解。根据一般人的常识，一个家庭也好，或一个企业也好，或一个国家也好，如果大家都挥霍浪费，很快就会吃光喝光，破产衰亡。唐代著名文学家韩愈有两句诗写得好：历览前贤家与国，成由勤俭败由奢。那么，凯恩斯提出的上述观点，又该如何解释呢？

要理解这个问题，关键是要注意到：凯恩斯的国民收入决定分析，是在非自愿失业存在的前提下进行的短期、静态分析。通俗地讲，就是经济陷入了严重的萧条状态，市场上有大量产品积压在仓库中，找不到销路，也就不能计入国民收入统计数字中。显然，如果国民增加消费，积压的产品就能实现其市场价值，从而使统计到的国民收入数字增加；反之，如果国民减少消费，积压产品增加，统计到的国民收入数字就会下降。这就是凯恩斯国民收入决定分析的实际意义所在，说穿了，凯恩斯提出"节约悖论"实际上不过是推销积压产品罢了。

但现实经济并非保持静态不变，而是一个动态过程。从长期、动态的角度来看，人们会将节约下来的钱，用于投资，以增加生产能力，从而使经济趋向更加繁荣；相反地，人们若只图眼前繁荣，大肆挥霍浪费，则会影响未来经济发展，甚至导致经济停滞和崩溃。正是在这个意义上，一般人们强调节约，反对奢侈浪费。

在这里，需要注意的是：千万不要将动态分析与静态分析混为一谈。一般地，静态分析的结论常常与动态分析的结论不一致，甚至截然相反。如静态地来看，当一种商品价格下降时，该商品需求量会增加，但是动态地来看，则有"买涨不买跌"之说，即当一种商品价格动态地随着时间下降时，消费者将持币待购，从而导致市场需求量下降。

再如西方经济学中著名的"消费函数之谜"实际上也是混淆了静态分析与动态分析的结果。静态地来看，一个人收入越高，其用于消费的比例越低，但动态地来看，在人们收入随着时间增加的同时，人们的消费需求也在随着时间的推移逐渐发展，结果消费在收入中占的比例并不下降。所以，当库兹涅茨试图用动态统计资料来验证凯恩斯的边际消费倾向递减定理时，就会弄得混乱不堪了。

另外，还要注意到凯恩斯的分析是一种总量分析，没有具体分析消费结构与收入结构。在凯恩斯看来，只要增加消费在收入中的比例，就能增加国民收入。其实不然。

抽象地来讲，个人收入的一部分会用于消费，另一部分则用于储蓄，而储蓄则会通过金融机构转到厂商手里，用于增加投资。这样厂商生产的产品就会全部销售出去，其中一部分被消费者购买用于消费，另一部分被其他厂商购买用于投资，整个国民收入就实现了充分就业的均衡。

实际上，厂商生产的产品并不会完全销售出去，原因在于产品结构与需求结构不一致。例如，随着消费水平的提高，人们对产品的要求越来越高，就拿手机来说，原本只需要通话功能就好，现在的功能却越来越多，除了通话功能外，还包括像素、APP、内存、定位、个人信息管理等。如果手机企业不考虑消费者的需求结构进行生产，那么即便价格一降再降，市场反应也会十分冷淡，这样，就导致了市场疲软。在这种情况下，单纯地刺激消费或刺激投资，必然徒劳无功。

那该怎么办呢？唯一的出路只能是调整产品结构，使之与需求结构相一致。更明确地讲，必须开发新兴替代产品，使之与消费者潜在的市场需求结构相一致。这样消费者手里的钱就会转化为现实的购买力，从而使市场走出萧条的困境，逐渐复苏起来，进入新一轮的繁荣佳境。要开发新兴替代产品，必须有大量投资支持，从而必须有大量居民储蓄。从这个角度来讲，节俭非但不会导致经济萧条，反而会促进经济增长，因而它依然是一种值得提倡的美德。

总之，在理解凯恩斯"节约悖论"时，必须明确凯恩斯观点的前提，弄清凯恩斯使用的分析方法，搞清凯恩斯观点的实质内涵。绝不能不问前提不问条件，随处套用。特别是中国作为一个发展中国家，刚刚进入小康阶段，整个国家经济实力还相当薄弱，更不能依据凯恩斯观点，大肆鼓吹刺激消费。让我们跳出凯恩斯短期、静态、总量分析思维的框框，着眼现实经济生活，换用长期、动态、结构分析的思路，为明天的经济发展着想，继续保持和发扬节约的美德吧！只要节约下来的钱，用于投资，用于开发适应消费需求的新兴产品，我们的生活就会变得越来越美好。

7. 别人都买，我也跟着买

在日常生活中，我们常常会发现这种现象：当你的同事或者邻居买了某种商品，引得其他人羡慕的时候，你也会跟着购买这种商品。

消费示范效应指受外界因素影响所诱发的不顾生产力水平和经济条件去模仿过高消费水平和消费方式的经济现象。消费者的消费行为要受周围人们消费水准的影响，这就是所谓"示范效应"。如果一个人收入增加了，周围人收入也同比例增加了，则他的消费在收入中的比例并不会变化；如果别人的收入和消费增加了，他的收入并没有增加，但因顾及在社会上的相对地位，也会打肿脸充胖子地提高自己的消费水平，这种心理会使短期消费函数随社会平均收入的提高而整个地向上移动。

示范效应这个名词最早是心理学家对人类行为研究所做的总结，现在已广泛地被经济学家用于研究人的经济行为，尤其是人类的消费行为。示范效应往往是双向的，这就是所谓"坏"榜样和"好"榜样所起的影响。从动态上看，示范效应最终会使少数成为主流。

那么，人们最终为什么会形成这种主流趋势呢？从诺贝尔经济学奖获得者加利·伯克尔的著作《口味的经济学分析》中的理论可以得到解释。说来非常有意思，伯氏理论的获得竟和他经常陪太太去餐馆有密切关系。当时，在加利福尼亚有两家海鲜餐馆。伯克尔发现他太太总有一个非常奇怪的行为，就是在两家餐馆中，她总选座位被占满的那家；在伯克尔看来，两家餐馆质量完全一样，差别在于，其中一家餐馆人多，而另一家人少得可怜。为什么会出现这种情况呢？

经过细心的观察研究，伯克尔得出了后来获诺贝尔奖的基础理论之一：理性的人们支持他们自己的生活方式，也就是说，是否理性取决于生活的方式。因此，不可能存在一个行动对于每个人都是理性的行动集。也就是说，消费者对某些商品的需求，取决于其他消费者对这些商品的需求，简称消费的示范效应。

确实如此，消费者在认识和处理自己的收入与消费及其相互关系时，会和其他消费者相比较。比如几个朋友一起去逛商场，有些人必定不会让朋友知道自己经济状况不佳。当别人购买几百元的衣物时，他绝不会购买几十元的衣物，甚至会"打肿脸充胖子"，宁愿自己下个月吃面包、泡面，也不愿意别人"看不起他"。从理论上讲，这里所表现的就是消费的示范效应。这就使我们看到消费者分成了许多群体，有许多消费者自觉不自觉地把自己算在一定的群体内，他的消费向这个群体内的其他人看齐。

在市场环境下，特别是在商品供应比较丰富的情况下，消费的示范效应表现得越来越明显，对市场供求关系起着比较大的影响。比如说很多人争先恐后购买价格昂贵的名牌，不管自己穿着好不好看，也不管自己的收入是否应付得起昂贵的名牌。"名牌效应"也是示范效应的典型现象，这完全可以解释为什么各种商家要不惜重金聘请"明星"做商品广告的缘故了。

在现代社会中，示范效应随时都左右着人们的经济生活以及消费习惯。当消费者看到有些人因收入水平或消费习惯的变化而购买高档消费品时，尽管自己的收入没有变化，也可能仿效他人扩大自己的消费开支，或者在收入下降时也不愿减少自己的消费支出。因为多数人有攀比心理，看到别人怎么做，自己就有做同样事情或者比别人做得更好的冲动。这种心理往往会被商家利用，成为商家赚钱的工具。

一个小青年不会和他爷爷穿一样的衣服，但是会和他的同学或同事穿一样的衣服，背一样的挎包，理一样的头发。这就使我们看到消费者分成了许多群体，有许多消费者自觉不自觉地把自己算在一定的群体内，他的消费向这个群体内的其他人看齐。

从理论上讲，这里所表现的是消费的示范效应。它是指一些消费者的消费支出会受到周围其他某些消费者的影响，他认为自己属于那一类人。

其实，一个群体内总要有人带头，那些起带头作用的人，或者说，引导消费新潮流的人，他们的消费心理与别人不同，不一定看人家怎么消费，甚至希望表现出与众不同，不愿意和别人穿一样的衣服，背一样的挎包，理一样的头发。他们喜欢"标新立异"。这样，有些人喜欢和别人一样，跟着潮流走，有些人喜欢和别人不一样，创造新的潮流。

在市场经济条件下，特别是在商品供应比较丰富的情况下，消费的示范效应表现得越来越明显，对市场供求关系起着比较大的作用。在电视广告里，消费者看到别人漂亮的手机，气得把自己的手机丢了，就是在利用这种示范效应。

随着社交媒体的兴起，社交媒体也成为了影响年轻人消费的最主要因素。据中华全国商业信息中心分析称，目前90%的中国消费者表示在社交媒体中与他们喜爱的销售商的互动，驱使他们购买了更多产品，而全球平均比例为62%。一些数据显示，当消费者从他们的朋友那听闻到某个品牌后，会驱动他们会比平常人2倍的意愿想与该品牌接触，4倍的意愿想去购买该品牌；52%的消费者认为网络上的正面评论会促使他们更愿意去当地的企业消费。有3/4的美国消费者的购买决策会先参考脸书上的评论，且有一半的受访对象会因为社会化媒体上的推荐而尝试新品牌。

这些调查表明，消费者的支出不是仅仅由自己的收入水平决定的，他们确实受到其他人的影响。与此同时，与传统的电视媒体相比，网络媒体、脸熟、微信、维特等社交媒体已经成为影响年轻人消费的主要工具。

这也印证了自上个世纪40年代以来，经济学界提出的"相对收入假说"。这一假说认为，消费者本人的收入和消费会同周围人的收入和消费相比。在市场营销实践中，如果能够恰当地运用消费的示范作用，有时可以创造很大的需求，对经济生活起到积极作用。但是，消费的"示范作用"和消费者的从众心理如果发展得太过头，可能形成盲目的消费攀比，如果相应的商品供应不足，会形成抢购风潮。同时，因为一些消费者接受示范效应时，另一些消费者不断地起带头作用，所以，生产消费示范作用比较明显的产品和服务的企业，应该不断开发新产品，以便愿意领导消费新潮流的人有更多新的机会。这样，市场需求就会一浪接一浪得到扩大，消费者的生活也会一浪接一浪得到提高。

8.
长尾理论——对二八理论的彻底叛逆

所谓长尾理论是指商业和文化的未来，不在于传统需求曲线上那个代表"畅销商品"（hits）的头部，而是那条代表"冷门商品"（misses）经常为人遗忘的长尾。

长尾理论（The Long Tail）是网络时代兴起的一种新理论，由美国人克里斯·安德森提出。长尾理论认为，由于成本和效率的因素，当商品储存流通展示的场地和渠道足够宽广，商品生产成本急剧下降以至于个人都可以进行生产，并且商品的销售成本急剧降低时，几乎任何以前看似需求极低的产品，只要有人卖，就会有人买。这些需求和销量不高的产品所占据的共同市场份额，可以和主流产品的市场份额相比，甚至更大。

所谓长尾理论是指商业和文化的未来，不在于传统需求曲线上那个代表"畅销商品"（hits）的头部，而是那条代表"冷门商品"（Misses）经常为人遗忘的长尾。举例来说，一家大型书店通常可摆放10万本书，但亚马逊网络书店的图书销售额中，有四分之一来自排名10万以后的书籍。这些"冷门"书籍的销售比例正以高速成长，预估未来可占整个书市的一半。这意味着消费者在面对无限的选择时，真正想要的东西和想要取得的渠道都出现了重大的变化，一套崭新的商业模式也跟着崛起。

长尾（The Long Tail）这一概念是由《连线》杂志主编安德森在2004年10月的"长尾"一文中最早提出，用来描述诸如亚马逊和Netflix之类网站的商业和经济模式。"长尾"实际上是统计学中幂律（Power Laws）和帕累托分布（Pareto）特征的一个口语化表达。

过去人们只能关注重要的人或重要的事，如果用正态分布曲线来描绘这些人或事，人们只能关注曲线的"头部"，而将处于曲线"尾部"、需要更多的精力和成本才能关注到的大多数人或事忽略。例如，在销售产品时，厂商关注的是少数几个所谓"VIP"客户，"无暇"顾及在人数上居于大多数的普通消费者。在网络时代，由于关注的成本大大降低，人们有可能以很低的成本关注正态分布曲线的"尾部"，关注"尾部"产生的总体效益甚至会超过"头部"。例如，谷歌是一个最典型的"长尾"公司，数以万计的小企业和个人在以前从来没有打过广告，也没有企业愿意为它们服务，但是谷歌的AdSense彻底解决了这个问题，自助的、价廉的广告模式吸引了无数小企业来到谷歌，形成了一个巨大的长尾市场。这条长尾能有多长，恐怕谁也无法预知。涓涓细流汇成大河，无数的小生意形成了一个不可估量的大市场，这就是谷歌成功的原因。安德森认为，网络时代是关注"长尾"、发挥"长尾"效益的时代。

长尾市场也称之为"利基市场"。"利基"一词是英文"Niche"的音译，意译为"壁龛"，有拾遗补阙或见缝插针的意思。菲利普·科特勒在《营销管理》中给利基下的定义为：利基是更窄地确定某些群体，这是一个小市场，并且它的需要没有被服务好，或者说"有获取利益的基础"。

"长尾理论"被认为是对传统的"二八定律"的彻底叛逆。人类一直在用二八定律来界定主流，计算投入和产出的效率。它贯穿了整个生活和商业社会。这是1897年意大利经济学家帕累托归纳出的一个统计结论，即20%的人口享有80%的财富。当然，这并不是一个准确的比例数字，但表现了一种不平衡关系，即少数主流的人（或事物）可以造成主要的、重大的影响。以至于在市场营销中，为了提高效率，厂商们习惯于把精力放在那些有80%客户去购买的20%的主流商品上，着力维护购买其80%商品的20%的主流客户。

在上述理论中被忽略不计的80%就是长尾。安德森说："我们一直在忍受这些最小公分母的专制统治……我们的思维被阻塞在由主流需求驱动的经济模式下。"但是人们看到，在互联网的促力下，被奉为传统商业圣经的"二八定律"开始有了被改变的可能性。这一点在媒体和娱乐业尤为明显，经济驱动模式呈现从主流市场向非主流市场转变的趋势。

传统的市场曲线是符合80/20铁律的，为了抢夺那带来80%利润的畅销品市场，我们厮杀得天昏地暗，但是我们所谓的热门商品正越来越名不副实，比如说黄金电视节目的收视率几十年来一直在萎缩，若放在1970年，现在的一档最佳节目恐怕连前10名之列都难以进入。简言之，尽管我们仍然对大热门着迷，但它们的经济力量已经今非昔比。那么，那些反复无常的消费者们已经转向了什么地方？答案并非唯一。他们散向了四面八方，因为市场已经分化成了无数不同的领域。互联网的出现改变了这种局面，使得99%的商品都有机会进行销售，市场曲线中那条长长的尾部（所谓的利基产品）也咸鱼翻身，成为我们可以寄予厚望的新的利润增长点。

图书在版编目（CIP）数据

学点用得上的经济常识 / 宇东著 . —北京：中国华侨出版社，2016.6

ISBN 978-7-5113-6100-4

Ⅰ . ①学… Ⅱ . ①宇… Ⅲ . ①经济学 – 通俗读物 Ⅳ . ① F0-49

中国版本图书馆 CIP 数据核字（2016）第 131839 号

学点用得上的经济常识

著　　者 /	宇　东
责任编辑 /	文　喆
责任校对 /	高晓华
经　　销 /	新华书店
开　　本 /	670 毫米 ×960 毫米　1/16　印张 /18　字数 /255 千字
印　　刷 /	北京建泰印刷有限公司
版　　次 /	2016 年 10 月第 1 版　2016 年 10 月第 1 次印刷
书　　号 /	ISBN 978-7-5113-6100-4
定　　价 /	35.00 元

中国华侨出版社　北京市朝阳区静安里 26 号通成达大厦 3 层　邮编：100028
法律顾问：陈鹰律师事务所
编辑部：（010）64443056　64443979
发行部：（010）64443051　传真：（010）64439708
网　　址： www.oveaschin.com
E-mail： oveaschin@sina.com